3 MINUTOS COM DONALD TRUMP

3 minutos com Donald Trump

1ª edição: Fevereiro 2025

Autor:
Ricardo Bellino

Revisão:
3GB Consulting

Projeto gráfico:
Vitor Donofrio (Paladra Editorial)

Capa:
Rafael Brum

Imagem de capa:
Patrick McMullan (Getty Images)

Impressão:
Plena Print

DADOS INTERNACIONAIS DE CATALOGAÇÃO NA PUBLICAÇÃO (CIP)

Bellino, Ricardo
3 minutos com Donald Trump : as lições de como superar o impossível que aprendi com o presidente dos EUA / Ricardo Bellino. — Porto Alegre : Citadel, 2025.
208 p.

Bibliografia
ISBN 978-65-5047-575-8

1. Desenvolvimento pessoal 2. Desenvolvimento profissional
3. Finanças 4. Investimentos I. Título

25-0143 CDD 650.1

Angélica Ilacqua - Bibliotecária - CRB-8/7057

Produção editorial e distribuição:

CITADEL Grupo Editorial

contato@citadel.com.br
www.citadel.com.br

RICARDO BELLINO

3 MINUTOS COM DONALD TRUMP

AS LIÇÕES
DE COMO **SUPERAR**
O IMPOSSÍVEL QUE
APRENDI COM
O PRESIDENTE
DOS EUA

CITADEL
Grupo Editorial
2025

SUMÁRIO

AGRADECIMENTOS

Ao longo de minha trajetória, tive a oportunidade de conviver com personagens raros no mundo dos negócios, e com outros não tão raros assim. Entre os raros, eu destacaria os Midas da vida real, aqueles que mudam para melhor tudo o que tocam e que têm o dom de transformar ideias em negócios de sucesso. É o caso de John Casablancas e Donald Trump, com quem tive o privilégio de trabalhar e aprender – e aproveito aqui para deixar meu agradecimento a esses mentores que me inspiraram na vida e nos negócios.

Aos personagens não tão raros, os reis Sadim, sempre ocupadíssimos em tentar atacar o que não podem igualar, também deixo meus agradecimentos pela motivação que me deram para continuar escrevendo histórias de sucesso.

APRESENTAÇÃO

Se há alguém que merece vir aos Estados Unidos devido à sua extraordinária habilidade como empreendedor, essa pessoa é Ricardo Bellino. Ninguém compreende a importância da eficiência e das primeiras impressões no fechamento de acordos da maneira como ele compreende. Bellino é um campeão olímpico do mundo dos negócios. Esse é o motivo pelo qual Donald Trump o escolheu como seu primeiro parceiro comercial fora dos Estados Unidos.

Meu nome é George Ross e atualmente atuo como conselheiro para assuntos jurídicos, conselheiro sênior de negócios imobiliários, vice-presidente executivo e conselheiro sênior da Trump Organization. Anos atrás, ajudei Donald Trump a estruturar seu primeiro negócio imobiliário, que gerou lucro de US$ 85 milhões e levou à criação de seu mundialmente conhecido império comercial. Ao longo dos últimos trinta anos, atuei como "mentor" de Donald Trump; desenvolvi seus investimentos estrangeiros; licenciei, promovi e criei as estratégias de marketing de todos os produtos Trump; e supervisionei o leasing e as operações dos principais prédios Trump, como a Trump Tower na 5ª Avenida e o nº 40 da Wall Street, o marco de 1,3 milhão de metros quadrados e 72 andares localizado em Downtown Manhattan. Antes de minha chegada à Trump Organization, em 1996, tive uma notável carreira de cinquenta anos como advogado de negócios imobiliários internacionais e investidor privado. Sou também autor de best-sellers, um requisitado palestrante da área de negócios e administração, professor de negociação na New York University e coestrela de *O Aprendiz*, o show televisivo de Donald Trump.

Encontrei-me com Ricardo Bellino pela primeira vez em janeiro de 2003, depois da famosa reunião de três minutos que Donald Trump teve com ele. Naquela ocasião, o sr. Bellino tinha três minutos para apresentar uma proposta de negócios ao sr. Trump, relativa à construção de um exclusivo condomínio de golfe de meio bilhão de dólares em São Paulo, no Brasil. O sr. Trump estava extremamente ocupado naquele dia, e não estava com disposição de ouvir a ideia do sr. Bellino. Mas Ricardo Bellino não é um homem fácil de se desencorajar. Em vez de ceder à pressão imposta pelo sr. Trump, o sr. Bellino fez a mais impressionante, concisa e apaixonada apresentação de negócios que eu jamais vi. Após os três minutos com Ricardo Bellino, o sr. Trump me disse: "É um bom acordo, George. Vá e faça!". Ele instruiu a mim e a outros de seus conselheiros que não deixássemos a sala até que fosse fechado um acordo com Ricardo Bellino – tal foi a magnitude da primeira impressão que Ricardo Bellino causou em Donald Trump.

Ao longo dos dois ou três meses seguintes, trabalhei junto de Ricardo Bellino e sua equipe a fim de estruturar o acordo que viabilizasse sua visão, um condomínio de golfe de meio bilhão de dólares, que teria o nome Trump e que seria erguido em São Paulo, no Brasil. Seu projeto, o primeiro do gênero na América do Sul, seria também o primeiro empreendimento internacional da Trump Organization. Apesar do pequeno mercado de golfe do Brasil, Ricardo Bellino convenceu não apenas Donald Trump, mas também Jack Nicklaus, algumas das famílias mais ricas do Brasil e a mim mesmo quanto ao potencial do crescente mercado de luxo que existe no Brasil de hoje. Foi dele que veio o ímpeto por trás do investimento multimilionário de minha empresa em um luxuoso empreendimento imobiliário no Brasil.

Desde o famoso acordo em três minutos, Ricardo Bellino e a Trump Organization desenvolveram uma intensa e satisfatória relação comercial. Em 2004, ele foi o pioneiro no lançamento da versão brasileira de O *Aprendiz*, apresentando-nos a Roberto Justus, CEO do maior grupo publicitário do Brasil, o Newcom. O sr. Bellino indicou o sr. Justus para apresentar o programa no Brasil – uma escolha que superou todas as expectativas. O programa já teve quatro temporadas e foi um grande sucesso – no Brasil, e para a Trump Organization.

Ricardo Bellino acumula vitórias no mundo dos negócios devido a seu entendimento sem igual do poder das ideias e de como vendê-las ao público. Ele é um homem dotado de verdadeira sabedoria e talento como empreendedor e como dealmaker. Os Estados Unidos deveriam estender um tapete vermelho para dar as boas-vindas a Ricardo Bellino e a seu gênio empreendedor.

– GEORGE ROSS, dezembro de 2007

GREEN CARD (E11)

Os Estados Unidos têm uma regra de imigração, que é pouco conhecida, que oferece Green Cards para os imigrantes que provaram-se ser o melhor dos melhores em seus campos de atuação.

O E11 aplica-se a pessoas que demonstraram habilidades extraordinárias nas artes, no atletismo, na educação, nos negócios ou nas ciências.

Esses vistos são normalmente concedidos a artistas famosos, ganhadores do Prêmio Nobel, atletas olímpicos e figuras públicas, como John Lennon.

PREFÁCIO

Se há alguém que entende o quanto valorizo o tempo, esse alguém é Ricardo Bellino. No meu livro *Pense como um bilionário*, mencionei que dei a ele exatamente três minutos para me apresentar sua ideia de negócios. Estava extremamente ocupado naquele dia e, sinceramente, não estava no clima para mais uma reunião. Pensei que ele talvez desistisse ao ouvir o prazo apertado, o que me daria mais alguns minutos livres.

Mas Ricardo não só aceitou o desafio como também me impressionou com uma apresentação tão convincente e bem-estruturada dentro dos três minutos, que imediatamente decidimos nos tornar parceiros. É surpreendente o que as pessoas conseguem fazer com um prazo, e Ricardo é prova disso. Sua habilidade em maximizar o uso do tempo e entregar algo de valor é única e rara no mundo dos negócios.

Esta é uma história que vale muito a pena ser lida e compreendida. Assim como ele conseguiu prender minha atenção em três minutos, certamente prenderá a sua através deste livro. Aconselho a gastar mais que três minutos aqui – a história merece, e há lições valiosas para aqueles que buscam entender o verdadeiro significado de pensar como um campeão.

DONALD J. TRUMP

O ACORDO MAIS RÁPIDO DO MUNDO: MINHA PARCERIA RECORDE COM DONALD TRUMP

Em janeiro de 2003, em Nova York, vivi um momento que definiu minha carreira e transformou minha vida. Em um encontro que se tornaria conhecido como o acordo multimilionário mais rápido da história, tive apenas três minutos para apresentar minha ideia a Donald J. Trump, um dos mais influentes empresários do mundo. Esses três minutos mudaram tudo.

A perspectiva de Donald Trump: "É surpreendente o que as pessoas podem fazer com um prazo"

Olhando para trás, lembro-me da intensidade daquele momento. Trump estava extremamente ocupado naquele dia e deixou claro que meu tempo era limitado – precisamente três minutos. Em seu livro *Pense como um bilionário*, ele compartilhou seus pensamentos sobre nosso encontro: "Ricardo Bellino tinha exatamente três minutos para me apresentar sua ideia de negócios. Eu estava extremamente ocupado naquele dia e não estava particularmente no clima para uma apresentação, então pensei que ele poderia desistir, o que me daria um pouco mais de tempo livre".

Mas desistir não era uma opção para mim. Eu sabia que aquela era uma oportunidade única na vida e estava determinado a aproveitá-la ao máximo. Aceitei o desafio, fiz minha apresentação e, para minha imensa alegria e excitação, Trump decidiu na hora que nos tornaríamos parceiros de negócios. "É surpreendente o que as pessoas podem fazer com um prazo", ele escreveu. Essas palavras se tornaram emblemáticas daquele momento –um testemunho do poder de uma visão clara e da coragem de fazer valer sob pressão.

Minha jornada: de empreendedor brasileiro desconhecido a sócio de Trump

Essa história tem sido chamada de "a história original do Aprendiz", e em muitos aspectos parecia um conto de fadas moderno. Lá estava eu, um empreendedor do Brasil, entrando no escritório de Trump para convencê-lo da minha visão para um novo empreendimento. Eu tinha plena consciência das probabilidades; eu era um desconhecido em um país estrangeiro, apresentando uma ideia ambiciosa a um dos bilionários mais famosos da América. Mas eu tinha uma convicção absoluta na minha ideia – e em mim mesmo.

Essa crença se transformou em realidade quando Trump concordou em ser meu sócio, fazendo de mim seu primeiro parceiro comercial internacional. O que alguns viam como um feito impossível eu via como meu único caminho a seguir. Eu aproveitei a oportunidade e alcancei o que muitos considerariam inimaginável.

"Acredite no inacreditável"

Essa experiência me ensinou que, seja nas Olimpíadas ou no mundo dos negócios, você precisa acreditar no inacreditável. Se eu não tivesse essa crença, teria desistido quando Trump me disse que eu tinha apenas três minutos. Em vez disso, escolhi enfrentar o desafio, confiando que minha preparação e paixão fariam a diferença.

Desde então, me desliguei daquela parceria, vendi minhas ações na Trump Realty Brazil e me mudei para Miami para buscar minha próxima aventura. Mas as lições daquele encontro de três minutos permanecem comigo, guiando-me em cada novo empreendimento.

Uma nova versão do "sonho brasileiro"

Para mim, aquele acordo recorde representou mais do que sucesso nos negócios; foi a prova de que o "sonho brasileiro" – a esperança de traçar seu próprio caminho para o sucesso, apesar de obstáculos econômicos, sociais e históricos – pode se tornar realidade. Venho de um país onde muitas pessoas veem esses sonhos como inalcançáveis, especialmente em escala internacional. Minha história é a prova de que, se você tiver determinação, coragem e estiver preparado para agarrar a oportunidade, pode tornar o improvável possível.

No fim das contas, aquele encontro não foi apenas sobre fechar um negócio. Foi sobre romper barreiras e mostrar que, com foco, resiliência e a mentalidade certa, você pode fazer diferença em qualquer sala, em qualquer lugar do mundo. Naquele dia, bati um recorde mundial. Mas, mais importante, provei a mim mesmo – e espero que a outros – que, às vezes, tudo o que você precisa são três minutos para mudar o rumo da sua vida.

– RICARDO BELLINO

INTRODUÇÃO

Deu no *New York Times*. Um jovem empresário brasileiro é recebido por Donald Trump e ouve do magnata americano a seguinte frase: "Você tem três minutos para me vender a sua ideia". Pouco tempo depois, o empresário deixa o escritório de Trump com um acordo fechado. O jovem empresário brasileiro ao qual o *The New York Times* se refere sou eu, Ricardo Bellino. A ideia é a construção do melhor e mais exclusivo condomínio de golfe e lazer da América Latina. Depois que a notícia foi divulgada pela imprensa, a repercussão foi espantosa. Tão espantosa que acabei estabelecendo um recorde – o de mais rápido fechamento de negócio multimilionário do mundo. O recorde foi certificado pela Record Holders Republic e pela World Records Academy, tradicionais empresas especializadas em registrar recordes nas mais diferentes atividades, e também pela RankBrasil (veja a íntegra dos certificados nas páginas 207 e 209).

Com toda essa repercussão, percebi que a frase de Trump exercia um efeito poderoso sobre as pessoas. Todos queriam saber como é possível fechar um negócio de tal magnitude em três minutos. Bem, é claro que mais tarde me reuni com os assessores de Trump e os detalhes do negócio foram exaustivamente discutidos. Mas o fato é que aqueles três minutos tiveram um papel crucial. Se eu não tivesse conseguido vender o conceito de minha ideia naquele breve espaço de tempo, Trump teria me dispensado sumariamente e jamais me pediria para discutir os detalhes com seus assistentes. Mas, no final das contas, o que aconteceu naqueles três minutos? Como um punhado de segundos pode ter uma importância tão decisiva?

Esta foto foi tirada instantes depois que ouvi a célebre frase: "Você tem três minutos para me vender a sua ideia". Antes mesmo que eu recebesse o seu cartão de visitas.

Na tentativa de responder a essas questões, comecei a refletir sobre o assunto e a pesquisar. Minhas pesquisas apontaram para uma resposta surpreendente, eu diria até revolucionária, se comparada a uma visão mais tradicional e conservadora do que significa fazer negócios. Essa resposta envolve o poder da intuição, a capacidade de tomar decisões "de estalo", o impacto causado pela primeira impressão que temos de alguém e o mecanismo interno que nos leva a processar instantaneamente uma infinidade de informações objetivas e subjetivas, mecanismo este que é chamado pela ciência de inconsciente adaptador. Tudo isso vem sendo objeto de estudo de cientistas das mais renomadas instituições internacionais. E revela que a célebre sentença "você tem três minutos para me vender sua ideia" não é apenas uma frase de efeito, muito pelo contrário: é a chave do segredo de toda negociação bem-sucedida.

Antes de comprar sua ideia – que pode ser um projeto, um novo negócio ou a necessidade de convencer alguém de que você é a pessoa certa para ocupar determinada vaga, executar determinado serviço ou obter uma promoção –, seu interlocutor terá de comprar sua imagem. E isso ocorre no instante em que uma pessoa põe os olhos sobre a outra pela primeira vez. É o impacto dessa impressão inicial que fará com que o outro sinta, intuitivamente, se gosta de você ou não, se você inspira confiança ou não, se ele quer ter você por perto ou não. Em resumo, é a impressão inicial positiva que uma pessoa registra a seu respeito que irá abrir as portas para que sua ideia seja vendida com sucesso.

Espantado – e também maravilhado – ao descobrir o que havia por trás dos três minutos, percebi que era hora de levar tudo isso ao grande público por meio de um livro que mostrasse, de forma muito simples e prática, como usar todos esses elementos para abrir portas e obter êxito na vida profissional.

A segunda parte do livro complementa a primeira ao abordar as características que definem o espírito empreendedor (e as histórias de pessoas bem-sucedidas que personificam esse espírito), as armadilhas que devem ser evitadas no caminho (o rei Sadim, que você conhecerá no Capítulo 6, é uma delas) e as lições aprendidas com o programa O *Aprendiz*, de Donald Trump, e sua versão nacional, apresentada por Roberto Justus (verdadeiros "telecursos" de empreendedorismo). Por fim, uma série de testes o ajudará a avaliar em que etapa da jornada você se encontra e o que ainda falta para chegar lá.

Quanto à minha própria jornada, eu diria que este livro é uma etapa importante de um ciclo que se iniciou com meus dois livros anteriores, *PDI – O Poder das Ideias* e *Sopa de Pedra: Dez ingredientes para você criar sua receita de sucesso*, e prosseguiu com *Midas & Sadim* (todos publicados pela Editora Campus/ Elsevier). Até chegar a esta reedição, o livro *3 minutos com Donald Trump* percorreu um caminho do qual muito me orgulho. Ganhou uma versão em audiolivro (bem como minhas outras obras) e já foi lançado em mais de dez países – nos Estados Unidos, sua editora é a prestigiosa McGraw Hill.

– RICARDO BELLINO

CAPÍTULO 1

A CIÊNCIA POR TRÁS DOS "TRÊS MINUTOS"

No momento em que você pegar este livro, muitas dúvidas podem estar passando por sua cabeça.

Vender uma ideia em três minutos? Como assim?

Será que isso é mesmo possível?

Minha resposta é: não apenas é possível, como também é a única forma eficaz de vender uma ideia. É naqueles instantes iniciais em que se estabelece o primeiro contato entre você e a pessoa que irá investir em sua ideia, contratá-lo para um emprego, adquirir seus serviços ou associar-se ao seu negócio que as coisas realmente essenciais são decididas. Nesse curto período de tempo, vários fatores – muitos deles subjetivos e inconscientes – se combinarão para fazer com que a outra pessoa extraia, processe e registre a primeira impressão a seu respeito. E, acredite, essa primeira impressão é tão poderosa que irá determinar todo o curso dos acontecimentos: se existirá empatia ou antipatia, receptividade ou rejeição, abertura ou indiferença, conexão ou desconexão, se você será dispensado após alguns segundos ou se ganhará um ouvinte atento pelos próximos minutos – ou horas. É claro que o fechamento do negócio levará mais de três minutos para ocorrer. Você terá de expor sua argumentação, e o investidor – o cliente ou o empregador – poderá solicitar algum tempo para pensar e refletir. Essa, porém, é uma fase posterior.

Só é possível chegar a essa fase com sucesso se, antes, o outro tiver registrado uma impressão favorável a seu respeito naqueles três minutos, ou segundos, iniciais.

Quase todas as pessoas de sucesso – senão todas – têm uma intuição aguçada que lhes permite tirar o máximo proveito das primeiras impressões que registram sobre algo ou alguém. Conrad Hilton, o fundador da cadeia de hotéis que leva seu nome, costumava dizer que usava sua intuição para decidir onde e quando deveria comprar ou construir um hotel. Thomas Edison gabava-se de ouvir sua "voz interior" em busca de ideias para novas invenções. Silvio Santos, o homem que começou a vida como camelô e acabou construindo um império, é conhecido por tomar decisões intuitivas, de uma hora para outra. Salim Mattar, fundador da Localiza, uma das maiores empresas de locação de veículos no Brasil, não se acanha em afirmar: "Às vezes, horrorizo meus pares, pois digo que não farei algo porque minha intuição desaconselha". Durante um almoço da Global Leadership Conference, em Washington, ouvi Jack Welch, considerado o executivo do século, dizer que se há uma coisa da qual ele se arrepende é não ter tomado algumas de suas decisões com mais rapidez. Até mesmo Einstein, certa vez, comentou que grande parte de suas descobertas se originava de "bons palpites".

O impacto das primeiras impressões é tão poderoso que já existe até uma empresa nos Estados Unidos cujo nome é exatamente esse: First Impressions. Fundada pelas psicólogas Ann De Marais e Valerie White, a empresa especializou-se em oferecer a seus clientes um treinamento para que eles consigam causar a melhor impressão possível em seus primeiros encontros – sejam eles profissionais, sociais ou pessoais. "A primeira coisa que você percebe ou descobre sobre alguém pesa mais do que o que você vem a saber depois", diz a dupla de psicólogas, autoras do livro *First Impressions: What You Don't Know About How Others See You* (Primeiras impressões: o que você não sabe sobre como os outros o veem).

O peso de uma impressão inicial positiva ou negativa afeta não apenas os relacionamentos profissionais: ele influencia também os relacionamentos amorosos. Essa premissa deu origem ao Hurry Date, empresa criada em Nova York com o objetivo de aproximar pessoas em busca de parceiros amorosos ou de novas amizades. O que distingue a Hurry Date de outras tantas agências do gênero é que, lá, tudo tem de funcionar em três minutos. Nos eventos promovidos pela empresa, cada participante dispõe de exatos três minutos para conversar com os demais. Transcorrido esse tempo, soa um apito e as pessoas têm de encerrar a conversa e começar a falar com algum outro participante. No final de cada conversa, é preenchida uma ficha secreta, na qual a pessoa diz se gostou ou não de seus interlocutores. Depois, a Hurry Date cruza as informações das fichas e coloca em contato os participantes cujas avaliações combinam. Mas por que três minutos? Segundo os fundadores da Hurry Date, esse é o tempo necessário para que uma pessoa decida se foi ou não "com a cara" de alguém. E assim, dizem eles, seus clientes evitam um constrangimento muito frequente nos chamados "encontros às escuras": ter de passar longas horas conversando com um pretendente com o qual não simpatizaram.

O inconsciente adaptador e as "decisões de estalo"

Mas, afinal, o que há por trás de tudo isso? Será que o antigo ditado segundo o qual "as primeiras impressões são as que ficam" é mesmo verdadeiro? A ciência moderna parece indicar que sim. Nos últimos anos, um grande número de neurocientistas e psicólogos tem se dedicado a estudar o mecanismo que nos leva, entre outras coisas, a tomar decisões intuitivas num piscar de olhos; a decidirmos, em segundos, se gostamos ou não de determinada pessoa e a formarmos uma imagem mental, ou até mesmo uma opinião, de algo ou de alguém a partir de nossas impressões iniciais. E esse mecanismo tem um nome. Ele vem sendo chamado de "adaptive unconscious", ou inconsciente adaptador. De acordo com Timothy Wilson, professor da Universidade de Virgínia (EUA) e autor do livro *Strangers to Ourselves: Discovering The Adaptive Unconscious* (Estranhos para nós mesmos: descobrindo o inconsciente adaptador), esse mecanismo pode ser definido como processos mentais inacessíveis à consciência, mas que influenciam julgamentos, sentimentos, comportamentos e decisões. Ainda segundo Wilson, o inconsciente adaptador processa informações, estabelece objetivos, julga pessoas, detecta o perigo, formula estereótipos e infere causas. E há um bom motivo para que tudo isso ocorra sem que estejamos conscientes. "O processo é oculto pelo bem da eficiência", explica o professor. Temos de processar tantas informações para sobreviver que algumas precisam ser inconscientes. Mesmo quando a mente está ocupada com outra coisa, o inconsciente está atuando.

Uma das experiências conduzidas por Timothy Wilson pode nos dar uma ideia mais clara de como isso funciona na prática. Em um de seus testes, ele pediu a um grupo de pessoas que escolhesse um entre vários pôsteres que estavam à mostra. A escolha deveria ser rápida, com base apenas na reação instintiva de afinidade ou repulsa que as imagens estampadas nos pôsteres lhes causavam. Um segundo grupo de pessoas deveria fazer a mesma coisa, valendo-se, porém, de um procedimento diferente: os integrantes desse grupo poderiam deter-se demoradamente diante de cada pôster e analisar os motivos que os levavam a gostar ou a desgostar de cada um deles. Transcorridas algumas semanas, observou-se que a maioria das pessoas do primeiro grupo – as que haviam feito escolhas instintivas – continuou gostando dos pôsteres escolhidos e quis permanecer com eles. No segundo grupo, contudo, ocorreu o oposto. A maioria das pessoas que dispuseram de mais tempo para analisar e refletir sobre suas preferências acabou mudando de ideia depois, arrependendo-se da escolha inicial.

O que esse e outros experimentos similares parecem indicar é que, agindo sob nossos pensamentos conscientes, o inconsciente adaptador é capaz de reunir e processar instantaneamente uma série de informações, compará-las com nossos gostos, desejos, inclinações e motivações mais profundos e nos devolver tudo isso sob a forma de uma resposta instintiva, do tipo "gosto" ou "não gosto", "quero" ou "não quero", "sim" ou "não". Por outro lado, a mente consciente nem sempre tem condições de captar, com a mesma rapidez, a mesma quantidade de informações captadas pelo inconsciente. Sua tendência é privilegiar alguns aspectos em detrimento de outros, e a incluir no processo análises que nem sempre têm como ponto de origem nossos instintos mais profundos – ou seja, ela recorre a nosso "banco de dados intelectual", e não, necessariamente, a nosso "banco de dados emocional". Daí é fácil entender por que boa parte das pessoas com mais tempo para escolher um pôster acabou se arrependendo de suas opções.

Outro surpreendente estudo sobre o tema foi realizado por Nalini Ambady, professora da Universidade de Tufts, de Massachusetts, e Ph.D. em psicologia social. Em um experimento narrado no livro *Blink – The Power of Thinking Without Thinking*, escrito pelo jornalista da revista norte-americana *The New Yorker* Malcolm Gladwell, Nalini exibiu a uma série de pessoas imagens de dois segundos, sem som, que mostravam professores que elas nunca viram antes dando aulas. Depois, pediu que os participantes avaliassem os professores com base nas sensações que as imagens lhes causaram. Por mais espantoso que possa parecer, as avaliações eram essencialmente as mesmas feitas por alunos que tiveram aulas com esses professores durante um semestre inteiro!

"Três segundos são suficientes para formarmos uma impressão de alguém que acabamos de conhecer", diz Nalini. Para a professora da Universidade de Tufts, o ser humano desenvolveu a habilidade de decidir rapidamente se um novo conhecido irá "nos ferir ou nos enriquecer". "No passado, as 'decisões de estalo' significavam a diferença entre a vida e a morte", explica Nalini. Ela afirma que essas impressões instantâneas são geradas na área mais primitiva do cérebro, onde também são processados os sentimentos, e é isso que gera o impacto emocional causado em um primeiro encontro.

Assim, pode-se dizer que as chamadas "decisões de estalo" fazem parte de um mecanismo de defesa, desenvolvido em um tempo no qual o homem tinha de decidir rapidamente se um estranho que se aproximava era amigo ou inimigo – sob o risco de perder a vida caso tivesse de pensar demais a respeito. Hoje em dia, esse mecanismo se manifesta em muitos outros aspectos: na desconfiança que sentimos em relação a um vendedor que bate à nossa porta ou na afinidade instantânea com um novo parceiro comercial; na sensação de que alguém será uma fonte de dores de cabeça ou no "pressentimento" de que fulano é a pessoa certa para ocupar aquela vaga em aberto na empresa.

"A primeira impressão é uma reação emocional, e não racional. Por isso ela é tão profunda e poderosa", diz o professor e Ph.D. Frank Bernieri, da Universidade Estadual do Oregon. Ele afirma que todos os aspectos da personalidade de alguém estão imbuídos em seu comportamento, e que um perfeito desconhecido pode captar esses aspectos de forma rápida e instintiva. Sua tese encontra respaldo em seus experimentos. Em um deles, voluntários deveriam avaliar a sociabilidade, a afabilidade, a responsabilidade, a estabilidade emocional e o nível cultural de pessoas que eles nunca viram antes – tudo de modo instantâneo e intuitivo. Para isso, Bernieri filmou os participantes que seriam avaliados em duas situações. Na primeira, um desconhecido pede ao participante que dê sua opinião sobre um quadro. Na segunda, o participante interage com outro desconhecido, dessa vez uma pessoa cujo comportamento é irritante. Depois, foram mostrados aos voluntários vídeos dessas situações, cada qual com apenas dez segundos de duração. O resultado, mais uma vez, surpreendeu: os voluntários foram capazes de avaliar com um espantoso grau de precisão todos os cinco aspectos da personalidade de cada participante.

A essa altura, você pode estar se perguntando: "Então a intuição nunca nos trai? As primeiras impressões nunca estão erradas?". A resposta à primeira pergunta é: "Não, a intuição nunca nos trai". Nós é que a traímos. A intuição nem sempre nos diz o que queremos ouvir. Ela pode nos dizer que aquela pessoa pela qual estamos apaixonados não é a pessoa certa para nós, ou que aquele negócio que parece ser uma oportunidade irresistível não passa de uma armadilha, ou que aquele objeto que sonhamos em adquirir nada mais é do que uma canoa furada. Então, em vez de ouvi-la, nós a manipulamos – inconscientemente, até – e ignoramos todos os sinais de alerta de que algo não está certo pelo simples fato de querermos que esteja certo. É o velho jogo de enganar a si mesmo, e o primeiro passo para aprender a usar a intuição como uma pessoa vitoriosa é saber identificar essas situações e lidar com elas. Outros fatores também contam. Pessoas com baixa autoestima e alto nível de insegurança, melancolia ou depressão tendem a confiar menos em sua intuição.

Consequentemente, a resposta à segunda pergunta é: sim, muitas vezes as primeiras impressões podem estar erradas. Conforme alerta o professor Bernieri, "a personalidade de alguém está fielmente codificada nos primeiros trinta segundos de seu comportamento, o que não significa que as pessoas captem isso com precisão o tempo todo".

Aprendendo a impressionar positivamente

Do ponto de vista do sucesso profissional, eu diria que há duas lições importantes que podemos extrair de tudo isso. A primeira é:

> A intuição é uma ferramenta importantíssima. Quanto mais apurada ela for, mais bem-sucedidos seremos.

Tornar a intuição mais aguçada equivale a confiar mais em si mesmo, a ouvir sua voz interior, que o conecta a seus instintos mais profundos. Como fazer isso é algo que você descobrirá ao longo dos próximos capítulos deste livro.

A segunda lição nos ensina que:

> As primeiras impressões podem estar erradas,
> mas elas deixam sua marca mesmo assim.
> Portanto, não perca tempo tentando provar a uma
> pessoa que ela se enganou a seu respeito.
> Em vez disso, preocupe-se em causar uma
> boa impressão desde o início.

Poucas coisas são mais difíceis e desgastantes do que tentar convencer alguém de que a primeira impressão dela a seu respeito estava errada. E há um bom motivo para isso. Os diversos estudos mencionados anteriormente indicam que as impressões iniciais são muito mais poderosas do que poderíamos imaginar, pois estão ligadas a um mecanismo de defesa e proteção que o ser humano desenvolveu para que pudesse sobreviver como espécie.

Assim, em vez de tentar lutar contra isso, uma pessoa orientada para o sucesso preocupa-se em causar uma boa impressão logo de cara. Mesmo porque, às vezes, essa impressão inicial que alguém registra a seu respeito pode ser sua única chance. Como você poderia convencer um funcionário de recursos humanos que, por algum motivo, teve uma impressão desfavorável a seu respeito durante uma entrevista para emprego de que ele está errado e que você é a pessoa certa para o cargo? Ou como convencer um investidor que não simpatizou com você de que o seu projeto é excelente? Como eu poderia tentar convencer Donald Trump de que seus instintos estavam equivocados se não tivesse surgido nenhuma empatia entre nós quando ele me disse "Você tem três minutos para me vender a sua ideia"?

O principal problema de se aventurar nessas missões impossíveis – ou quase impossíveis – é que, muitas vezes, nem ao menos percebemos que causamos uma impressão desfavorável, e muito menos os motivos pelos quais isso aconteceu. Pensamos: "Mas meu projeto era perfeito!" ou "eu tinha todas as qualificações necessárias para aquele cargo", ou, ainda, "com certeza eu estava pronto para aquela promoção", sem nos darmos conta de que o problema é mais complexo. Antes mesmo que nossos projetos, ideias, méritos e qualificações sejam avaliados, nossa personalidade já o foi. Conforme vimos, essa avaliação é feita pelo inconsciente adaptador e, como tal, é rápida, instintiva e acontece no exato instante em que duas pessoas se encontram pela primeira vez. E se, por alguma razão, formos reprovados nessa avaliação, é bem pouco provável que consigamos passar com sucesso para a segunda fase, que é a avaliação de nossos projetos, ideias, méritos e qualificações.

A boa notícia é que você pode – e deve – ter mais controle sobre a primeira impressão que provoca em alguém. Provas disso são a existência de empresas como a Hurry Date e a First Impressions e, é claro, as experiências de empresários como eu próprio – afinal, consegui vender minha ideia a Donald Trump após os três minutos que ele me concedeu – e muitos outros que continuam abrindo canais para transformar suas ideias em negócios bem-sucedidos.

Ao lerem estas linhas, muitos dirão: "Mas eu não sou carismático, não nasci com uma personalidade 'magnética'". É verdade que algumas pessoas parecem ter o "dom" de causar uma impressão favorável naturalmente, sem esforço algum. Contudo, isso ocorre porque elas desenvolveram a habilidade de lidar com uma série de fatores que contribuem para transmitir uma imagem favorável. Esses fatores vão desde o autoconhecimento até a intuição aguçada, passando pela comunicação verbal e não verbal, pela capacidade de criar empatia, de transmitir confiança, de saber ouvir e de demonstrar interesse genuíno pelo outro, e assim por diante. E se essas pessoas conseguem, você também pode conseguir. É o que demonstrarei ao longo deste livro.

Intuição *versus* estratégia: fique com as duas

Depois de tudo o que foi dito sobre intuição, instinto, inconsciente adaptador, decisões de estalo e primeiras impressões, cabe ressaltar que nada disso substitui ou se opõe à estratégia e ao planejamento. Na verdade, eles se complementam. Saber equilibrar todos esses elementos é o grande segredo para vender uma ideia em três minutos.

Se causar uma primeira impressão favorável é a chave que abre a porta de entrada, há que se pensar no antes e no depois. Como fazer para chegar até essa porta? E o que fazer depois de tê-la cruzado?

Chegar até a porta significa saber aproveitar – e criar – oportunidades. E isso envolve uma combinação de intuição e de estratégia. Saber o que fazer depois de cruzar a porta significa apresentar um conteúdo à altura da impressão favorável que você causou ou, em outras palavras, mostrar serviço e provar-se merecedor da confiança que lhe foi intuitivamente depositada. E, aqui, a intuição apenas não vai ajudá-lo se não vier acompanhada de disciplina e planejamento. Se uma impressão negativa é difícil de ser modificada, uma impressão positiva não é assim tão difícil de se reverter. Na maioria dos casos, basta que a outra pessoa perceba que alguém não está sendo merecedor de sua confiança, que não está cumprindo o que prometeu, nem está se comportando de forma a corresponder à imagem positiva que projetou no início.

Os efeitos disso são ainda piores do que causar uma primeira impressão desfavorável. No caso de uma impressão desfavorável, o que pode ocorrer é que a pessoa em questão perca a oportunidade de fechar um negócio, de vender uma ideia, de obter um emprego ou de iniciar um relacionamento amoroso. Mas isso não a impede de refletir sobre as causas do problema e aprender a passar uma imagem positiva em outras circunstâncias ou para outras pessoas – ou até para as mesmas pessoas, se a oportunidade surgir. Porém, quando alguém transmite uma impressão favorável e depois não se mostra à altura, acaba gerando uma sensação de decepção e mal-estar. O outro começa a sentir que foi traído ou enganado, e a pessoa que causou isso acaba adquirindo a reputação de ser alguém pouco confiável ou indigno de confiança. Essa situação é muito mais difícil de reverter, pois, mesmo que a pessoa tente modificar sua imagem em circunstâncias diferentes, com pessoas diferentes, sua reputação a precederá, de forma que os outros poderão começar a formar uma impressão negativa a seu respeito antes mesmo de conhecê-la. Portanto, criar e manter uma boa reputação é o primeiro passo para provocar uma impressão inicial favorável, e, para isso, a intuição, apenas, não será suficiente. A intuição pode lhe dizer em quem confiar, pode lhe dar a "sensação" de que um negócio é bom ou não, de que é hora de arriscar ou de ter cautela, de que algo tem chances de dar certo ou errado, e por aí afora. Ela pode, enfim, ajudá-lo a abrir a primeira porta, o portão de entrada. Mas, para construir relacionamentos, concretizar ideias, consolidar o sucesso profissional e fazer com que os negócios funcionem, a intuição deve aliar-se à sensibilidade, ao planejamento, ao pensamento estratégico, à perseverança e à disciplina.

Naquela noite em que ouvi meu vizinho descrever as características de um terreno que estava à venda nos arredores de São Paulo, minha intuição me levou a tomar uma decisão "de estalo": eu iria vender ao Donald Trump a ideia de criar ali o maior condomínio de golfe da América Latina. A partir dessa intuição inicial, porém, desenvolvi uma série de estudos e levantamentos com a finalidade de elaborar um projeto detalhado e consistente – ou seja, não fui ao encontro do bilionário americano para dizer-lhe, simplesmente, "Ei, que tal construir um complexo de golfe no Brasil?". Isso seria confundir intuição com impulsividade, que é algo completamente diferente. Agir movido por uma intuição nada tem a ver com agir movido por impulso. A intuição é a voz interior e está conectada ao inconsciente adaptador. Isso significa que ela não surge "do nada", sua origem são processos que ocorrem à sombra da consciência. Um impulso, porém, pode vir de qualquer lugar, até mesmo de um capricho ou de um interesse passageiro.

Depois de ter tido a ideia e de ter estudado sua viabilidade, lancei mão de todo um planejamento estratégico para conseguir chegar até Donald Trump. Um fator fundamental para isso foi a carta que John Casablancas escreveu me apresentando a Trump. Casablancas, no entanto, escreveu essa carta graças à relação de amizade que construímos quando nos tornamos sócios na implantação da filial brasileira da Elite Models, há dezoito anos. Assim, quando Trump me concedeu os famosos três minutos, eu já havia sido precedido por uma boa reputação. Naturalmente, isso foi um fator positivo. Mas uma boa reputação, apenas, de nada teria adiantado se Trump não tivesse tido uma impressão inicial favorável a meu respeito. Quando muito, ele poderia pensar: "Não sei o que foi que o Casablancas viu nesse sujeito".

Ao final dos três minutos, Trump pediu a George Ross e seus assessores que discutissem o projeto comigo em outra sala, dizendo-lhes que "não saíssem de lá até que o negócio fosse fechado". Ou seja, causei uma impressão inicial favorável, e a porta de entrada foi aberta. Mas isso também não teria adiantado nada se eu não tivesse apresentado a Ross e aos assessores do megaempresário um projeto consistente, viável e promissor. Se eu não houvesse me preparado para aquele momento e ficasse à espera de que minha intuição me dissesse o que fazer para cair nas boas graças de Ross, provavelmente teria deixado a sala em menos de três minutos, sem ter fechado negócio algum.

Quando a sorte é uma questão de talento

Em todas as outras fases de consolidação do empreendimento – que, na ocasião, era o primeiro projeto imobiliário do bilionário americano fora dos Estados Unidos –, é possível detectar a mesma combinação de intuição e planejamento estratégico. Foi assim na hora de abordar os investidores, de escolher os colaboradores e de reunir todas as pessoas certas, no momento certo, para que o projeto se viabilizasse.

Quando as coisas dão certo, muitas vezes pensamos naquela frase que diz: "O universo conspira a seu favor". Tudo vai se encaixando, "coincidências" vão facilitando o caminho e a "sorte" parece estar do nosso lado – quem já não teve essa sensação?

Mas, se pensarmos bem, a chamada "conspiração do universo" não é algo místico ou sobrenatural, que nos beneficia de forma aleatória, sem que tenhamos feito absolutamente nada para isso. Fizemos, sim, e muito. Intuímos, planejamos, persistimos, trabalhamos, mantemos a convicção em nossos propósitos e, apesar de todos os obstáculos, não permitimos que o entusiasmo esmoreça. E então todo esse esforço começa a dar frutos. As pessoas certas aparecem, não por sorte, mas porque as atraímos com nosso entusiasmo. As oportunidades surgem, não por acaso, mas porque preparamos o terreno para que elas pudessem surgir. Tudo isso é muito bem resumido por uma frase que diz:

> Muitas pessoas pensam que ter talento é uma questão de sorte; poucas, no entanto, pensam que a sorte possa ser questão de talento.

Logo, vender uma ideia em três minutos não é uma questão de sorte. É uma questão de saber ouvir a intuição, saber se preparar, saber como causar uma boa impressão e saber como corresponder às expectativas. E, conforme você verá neste livro, tudo isso pode ser aprendido e aprimorado.

CAPÍTULO 2
NEGÓCIOS E INTUIÇÃO

> Quando tomo uma decisão de pequena importância, sempre considero uma vantagem ponderar sobre todos os prós e contras. Porém, em assuntos vitais, como a escolha de uma companheira ou de uma profissão, a decisão deve vir do inconsciente, de algum lugar dentro de nós mesmos. Nas importantes decisões da vida pessoal, penso que devemos ser governados pelas mais profundas necessidades interiores de nossa natureza.
>
> – SIGMUND FREUD

A intuição é um dos fatores imprescindíveis não apenas para **vender** uma ideia em três minutos: é também fundamental para **comprar** uma boa ideia em três minutos. Se você for a pessoa que estiver vendendo, seu êxito dependerá de um conjunto de elementos que serão vistos ao longo deste livro, como a imagem que você projeta, o discurso que apresenta, a forma como sua ideia foi estruturada, o conhecimento que você tem a respeito do comprador em potencial, e vários outros. Contudo, a intuição é a argamassa que liga todos esses elementos – e é por esse motivo que muitos livros, cursos e treinamentos de vendas não atingem os seus objetivos. Você pode saber de cor e salteado todos os mandamentos do bom vendedor e se esforçar para aplicá-los ao pé da letra. Mas sem aquele "algo mais", sem uma sensibilidade apurada e intuitiva permeando o uso dos elementos, por assim dizer, mais "técnicos", a coisa toda dificilmente funcionará a contento, e o motivo é fácil de entender. Você não está simplesmente despejando dados em um computador. Você está lidando com pessoas, com seres humanos e todas as suas sutilezas e idiossincrasias, seus humores e crenças, suas preferências e opiniões, seus temores e desejos, seu background e sua visão de mundo. E por mais que cursos de comunicação, oratória e relações interpessoais possam auxiliá-lo, sua ajuda, no fundo, se resume a indicar caminhos e fornecer alguns parâmetros. Por estar ligada ao inconsciente adaptador, que, conforme vimos no capítulo anterior, é capaz de processar instantaneamente uma infinidade de informações objetivas e subjetivas, é a intuição que faz a diferença na hora de lidar com toda a complexidade de um ser humano. É isso que está em jogo naqueles poucos segundos de que você dispõe para causar uma boa impressão inicial em alguém, e, se não estiver em sintonia com sua própria intuição, nem todos os manuais e workshops do mundo serão capazes de ajudá-lo.

Quanto ao investidor, empregador ou comprador que está na outra ponta do negócio, fatores como experiência, conhecimento, visão, equilíbrio emocional etc. também pesam – e muito – no momento de fechar um negócio, escolher um sócio, contratar um funcionário, assumir riscos, aproveitar oportunidades e tomar decisões. Porém, mais uma vez, volto a insistir no mesmo argumento. Se alguém seguisse religiosamente a "cartilha" do empresário bem-sucedido, é pouco provável que conseguisse algum resultado satisfatório caso não somasse a isso a sua intuição. As pessoas em geral costumam ver os homens e mulheres de sucesso como gente "especial", como "eleitos" ou mesmo "sortudos". Mas, na verdade, seu grande diferencial é o fato de terem uma intuição apurada e de estarem sempre, ou com frequência, em sintonia com ela.

O economista Herbert Simon, ganhador do prêmio Nobel de Economia de 1978, pesquisou o papel da intuição nas decisões tomadas no mundo dos negócios. Com base em seus estudos, ele concluiu que pessoas que são experts em suas áreas tomam decisões resultantes de uma combinação de intuição e pensamento lógico. Outra conclusão de seus estudos é que a intuição pode ser descrita de forma mais acurada como o produto de uma atividade mental subconsciente.

Entre os inúmeros exemplos que eu poderia citar para ilustrar as conclusões de Simon, há o caso do megainvestidor George Soros. Certa vez, um dos filhos de Soros, Robert, que participa dos negócios da família, disse durante uma entrevista: "Meu pai irá se sentar e dar a você teorias que explicam por que ele faz isso ou aquilo. Mas eu me lembro de ver isso quando criança e pensar... pelo menos metade disso tudo é besteira. Quer dizer, a razão pela qual ele muda sua posição no mercado ou algo do gênero é porque suas costas começam a matá-lo de dor. Não tem nada a ver com razão". Ou seja, para Soros, a dor nas costas é como sua intuição se comunica com ele. Não são apenas seu conhecimento do mercado, seus contatos e sua rede de informações que o guiam, mas também – e principalmente – os sinais que sua intuição lhe envia. O tema se tornou objeto de interesse da economista brasileira radicada em Nova York Flávia Cymbalista. A economista, que tem doutorado em psicologia cognitiva pela Universidade de Berkeley, produziu um estudo com o curioso título *Como George Soros Sabe o que Sabe*, no qual destaca o uso que o megainvestidor faz de sua intuição em suas decisões de negócios.

Mas Soros está longe de ser um caso isolado. Quando ainda era estudante, Frederick Smith apresentou a um de seus professores da faculdade um projeto sobre um novo serviço de entregas rápidas. O professor não se entusiasmou nem um pouco e lhe deu como nota apenas um C. Apesar das desestimulantes objeções técnicas do professor, Smith, que acreditava intuitivamente em sua ideia, decidiu ir em frente. E foi assim que ele fundou a FedEx, transformando a ideia rejeitada pelo professor em um negócio de US$ 29 bilhões. A intuição também teve papel importante na vida de Howard Schultz, que no início dos anos 80 trabalhava como diretor de marketing da Starbucks, empresa de Seattle (EUA) que fornecia café a bares e restaurantes. Um dia, durante uma viagem a Milão, Schultz estava tranquilamente sentado à mesa de um café quando, de repente, teve uma poderosa intuição. Ele simplesmente "sabia" que aquele estilo de *coffee house* poderia se tornar um sucesso sem precedentes. Esse momento intuitivo foi tão forte que, de acordo com as lembranças de Schultz, o fez tremer de emoção. Para resumir a história, ele acabou comprando a Starbucks e transformando-a numa rede internacional de *coffee houses*. Atualmente, a cada semana, cerca de 33 milhões de pessoas vão tomar seu café nas Starbucks espalhadas por todos os cantos do planeta.

Fletcher L. Byrom, ex-CEO da Koppers Company, multinacional que atua na área química, disse certa vez: "Descobri que alguns dos erros mais terríveis que cometemos ocorreram quando ignorei minha intuição, pressionado pelo que pareciam ser naquele momento evidências incontestáveis". E o próprio Bill Gates, fundador da Microsoft e sexto homem mais rico do mundo segundo a *Forbes*, também admitiu: "Muitas vezes você tem apenas que confiar na sua intuição".

Se é assim, por que a intuição ainda é vista com certo ceticismo?

Ocorre que, embora ela seja tão antiga quanto o homem, seu estudo com bases científicas é algo muito recente. De acordo com Timothy Wilson, pesquisador da Universidade da Virgínia que tem se destacado por seu trabalho sobre o inconsciente adaptador, por muitos anos os cientistas se mostraram relutantes em estudar o inconsciente porque era muito difícil fazê-lo com métodos científicos confiáveis. Com o surgimento de novos métodos, como os estudos dos processos de percepção, aprendizado e atenção, o estudo do inconsciente começou a atrair o interesse de diversos cientistas de primeira linha – inclusive PhDs de Harvard, do Instituto de Tecnologia de Massachusetts, da Universidade de Tufts e de várias outras instituições internacionalmente respeitadas. Os resultados desses estudos têm contribuído para que a intuição seja analisada sob uma nova perspectiva. O que antes era visto como algo vago e obscuro, dotado de certa aura mística, passa a ser visto, à luz da ciência moderna, como parte de um processo mental inconsciente capaz de se transformar em uma valiosa ferramenta na hora de tomar decisões rápidas e sob pressão, discernir acerca da melhor opção diante de uma multiplicidade de escolhas, vislumbrar oportunidades e encontrar soluções inovadoras e criativas. Os sinais dessa mudança de mentalidade já se fazem sentir. Em uma recente pesquisa feita com executivos de nove países pelo *International Institute For Management Development* (IMD), entidade com sede na Suíça, 80% dos entrevistados disseram que a intuição se tornou um elemento importante na formulação da estratégia e do planejamento empresarial. E 53% afirmaram que recorrem à intuição e ao raciocínio lógico em igual proporção no seu dia a dia.

A intuição não para de nos falar. Nós é que não paramos para ouvi-la.

Mesmo com todos os estudos e evidências que apontam para a importância da intuição em nossa vida diária, ainda existe algum preconceito em torno do assunto. Há pessoas que dizem: "Fulano é do tipo 'racional', enquanto beltrano é do tipo 'intuitivo'", como se ambas as coisas fossem necessariamente opostas e excludentes, e como se o adjetivo "racional" indicasse alguma superioridade intelectual, ao passo que o termo "intuitivo" poderia sugerir falta de conhecimento formal ou de instrução acadêmica. Mas a história comprova que não é bem assim. São incontáveis os exemplos de cientistas geniais, dotados de profundo conhecimento e de indiscutível capacidade intelectual, que usaram a intuição para encontrar a chave de um problema ou para fazer descobertas que influenciaram toda a história da humanidade.

Na antiga Siracusa, Arquimedes, considerado um dos maiores matemáticos de todos os tempos, teve um insight ao visitar uma casa de banhos. Ao perceber que o volume de água que se deslocava no momento em que ele entrava na banheira era equivalente ao volume de seu corpo imerso, Arquimedes subitamente descobriu um princípio que lhe permitiria medir o volume de um objeto baseado na quantidade de água que ele deslocava. Diz a história que, extasiado com sua descoberta, Arquimedes saiu correndo nu pelas ruas, gritando o célebre "Eureca!" (do grego "eureka", que pode ser traduzido como "descobri" ou "achei"). Daí por que até hoje se diz "eureca" quando a solução de um problema é vislumbrada de uma forma intuitiva, inesperada e repentina.

É interessante notar que fazia muito tempo que Arquimedes trabalhava na questão da medição de volumes. Mas foi só num momento de descontração, quando relaxava na banheira, que a solução lhe ocorreu, sob a forma de uma intuição. Esse e vários outros casos similares nos sugerem que, se é importante usar o raciocínio lógico, também é importante saber parar e ouvir a intuição. É difícil, se não for impossível, ouvi-la quando nossa mente está a todo vapor, moendo e remoendo incessantemente determinado assunto. Conforme disse o próprio Einstein em uma frase que citei em meu livro anterior, *Sopa de Pedra: Dez ingredientes para você criar a sua receita de sucesso*: "Nenhum problema é solucionado no mesmo estado de espírito que o criou".

Em minha trajetória profissional, testemunhei esse fato inúmeras vezes. Em certa ocasião, em meados dos anos 90, eu estava prestes a iniciar um novo negócio: abrir em São Paulo uma filial da agência de publicidade Criativa, que Roberto Figueiredo havia fundado no Espírito Santo. Quando me reuni com Roberto Figueiredo em Vitória para conhecer seus planos e discutir os detalhes de minha participação em seu empreendimento, percebi que a Criativa ainda não estava pronta para enfrentar o maior mercado publicitário do país. Para ter sucesso nesse projeto, deveríamos primeiro criar um *case* de sucesso. Foi então que propus desenvolvermos um projeto especial: o licenciamento do nome e da imagem de John Casablancas, meu amigo e ex-parceiro na implantação da Elite brasileira. Figueiredo gostou da ideia, e foi com muita criatividade que partimos para nosso primeiro desafio: lançar e posicionar John Casablancas como uma grife, a fim de dar sustentação à sua imagem pública. Reunindo os principais componentes que definem a vida do playboy – sua vida social e seu relacionamento íntimo com top models, atrizes e o jet-set internacional –, concluímos que Casablancas seria um extraordinário colunista social. Formatamos o projeto e o apresentamos para Caio Túlio Costa, então diretor da *Revista da Folha*, do jornal *Folha de São Paulo*. Em quatro semanas, lançamos a primeira coluna assinada por John Casablancas, em duas páginas coloridas da *Revista da Folha* e com reprodução nos principais jornais do país. A ideia brasileira ganhou escopo internacional com a criação da agência de notícias Elite Press, que passou a fornecer informações sobre os bastidores do mundo da moda e das top models para revistas e jornais de vários países.

A repercussão desses passos iniciais nos deixou muito animados, pois indicava que o projeto tinha tudo para dar certo. Só que não deu. Repentinamente, John Casablancas decidiu mudar-se para o Brasil com toda a sua família, e achou que era hora de reduzir a superexposição de seu nome. A notícia foi, para Figueiredo e para mim, um banho de água fria. Nada mais nos restava a fazer além de cancelar o projeto todo. Ainda me lembro daquela melancólica sexta-feira em que me reuni com Figueiredo em nosso escritório de São Paulo para definir os detalhes do encerramento de nossas atividades, como a entrega das instalações e outras providências. Figueiredo saiu antes de mim, e eu fiquei sozinho, arrumando meus documentos e arquivos. Até aquele momento, havia tentado desesperadamente encontrar uma solução para salvar o projeto. Contudo, por mais que pensasse, nenhuma ideia útil me ocorria. Então parei de pensar nisso e tratei de encaixotar minhas coisas. Foi quando tirei de cima de uma pilha de papéis um clipping da Elite Press que trazia a notícia de uma campanha de prevenção do câncer de mama. A campanha, que acabara de ser lançada em Nova York pelos mais importantes estilistas americanos, tinha as famosas top models da Elite na época – Cindy Crawford, Claudia Schiffer e Naomi Campbell, entre outras – como garotas-propaganda para a promoção e venda de camisetas desenhadas por Ralph Lauren. A finalidade era angariar fundos para instituições voltadas para a pesquisa e o tratamento do câncer da mama. Imediatamente, tive um "estalo" – por que não trazer essa campanha para o Brasil? Por que não fazer dela o *case* de lançamento da Criativa? Foi o meu momento de dizer "Eureca!". No instante em que parei de pensar exaustivamente no que fazer, a solução apareceu. E que solução! Eu não apenas havia encontrado o *case* ideal para o lançamento da filial paulista da Criativa, como também havia me deparado com a resposta a um anseio pessoal que havia muito me afligia: o desejo de direcionar minha criatividade e minha capacidade empreendedora para algum empreendimento de cunho social, cujo retorno não fosse medido somente pelas cifras, mas por sua contribuição para a melhoria da sociedade na qual vivemos.

Sem perder tempo, liguei para a secretária de Casablancas em Nova York e pedi a ela que me conseguisse mais informações sobre a campanha e seus organizadores. Em meia hora, recebi um fax com um press-kit completo e enviei uma cópia para Figueiredo, que estava no Rio de Janeiro. Ele me ligou em seguida para dizer que tinha lido o material e comentado com sua namorada: "Bellino acaba de encontrar uma saída para nosso negócio e uma oportunidade para virarmos a mesa" – o que de fato aconteceu.

Depois daquela intuição inicial, que me mostrou o caminho a seguir, chegou o momento de partir para o planejamento estratégico. Saber reconhecer esse momento é um fator fundamental para que você tenha êxito ao vender uma ideia em três minutos. Figueiredo comprou minha ideia na hora. Mas tudo não teria passado de uma enorme decepção, para mim e para ele, se eu tivesse ficado sentado, à espera de que outra intuição me dissesse o que fazer. Se é necessário parar um pouco para ouvir a intuição, também é necessário partir imediatamente para a ação assim que a ouvimos. Afinal, como disse Pablo Picasso, "quando a inspiração vai vir é algo que eu não sei. Só o que posso fazer é garantir que ela me encontre trabalhando".

Assim, entrei imediatamente em contato com os organizadores da campanha americana, o CFDA (Council of Fashion Designers of America), para tentar obter uma licença de uso do logotipo e uma legítima associação entre as iniciativas nos dois países. Por intermédio do escritório da Elite em Nova York, conseguimos marcar uma reunião com a diretoria executiva do CFDA, na qual fomos acompanhados pelo próprio John Casablancas. Apesar do apoio de Casablancas, os coordenadores da campanha – que envolvia grandes nomes da moda mundial, como Ralph Lauren, Donna Karan, Calvin Klein, Oscar de la Renta – mostraram-se preocupados com o lançamento de uma iniciativa similar feita por um grupo de desconhecidos, em um país distante e fora de seu controle. O contrato de licença demorou quase três meses para ser assinado, e a tarefa de persuadi-los a assinar é um exemplo de como a inteligência estratégica, da qual falarei mais adiante, pode ser usada a seu favor.

Ao retornarmos ao Brasil, tínhamos a missão de encontrar um fabricante de camisetas com distribuição nacional e uma instituição de reconhecido prestígio na pesquisa de combate ao câncer de mama. Busquei, dentre outros, o apoio de minha amiga Costanza Pascolatto, que tem enorme prestígio na imprensa de moda nacional e internacional. Coincidentemente, Costanza acabava de se curar de um câncer de mama. Ela ficou muito emocionada com a ideia e teve participação decisiva na construção da campanha, oferecendo-me sua rede de relacionamentos – e aqui entra outro tema que também será discutido neste livro: o uso da inteligência social para criar network.

Depois, parti para a tarefa de achar um parceiro na área têxtil que proporcionasse a logística necessária para produzir, distribuir e comercializar a célebre camiseta do alvo azul. Minha primeira reunião de apresentação da campanha foi com o presidente da Hering, Fábio Hering, que, a princípio, tentou me desencorajar, alegando que no Brasil a iniciativa não teria sucesso, pois não temos a mesma cultura americana de campanhas do tipo. Porém, minha intuição continuava me dizendo que o projeto daria certo, e não desisti. Tive, então, de vender-lhe a ideia de formarmos uma parceria: eu compraria as camisetas e me encarregaria de revendê-las. Tirando-se os custos de produção e administração da campanha, a parcela destinada à doação seria entregue a uma instituição filantrópica ligada à questão do câncer de mama – tudo devidamente acompanhado por uma empresa independente de auditoria. Precisávamos, a partir daquele momento, encontrar uma instituição que completasse a parceria. E a intuição entrou novamente em jogo.

Um dia, recebi em casa uma mala direta pedindo doações para o IBCC (Instituto Brasileiro de Controle do Câncer), que na época eu nem sequer conhecia. Mas senti que poderia ser esse o parceiro que procurávamos. Liguei rapidamente para o diretor de captação, Onésimo Jr., e descobri (com enorme surpresa) que a especialização do IBCC era exatamente o tratamento do câncer de mama. E que o fundador desse instituto, o doutor Sampaio Góes, tinha sido o médico que tratara de Constanza Pascolatto. Percebi que havia se criado ali uma verdadeira "conspiração" a favor do projeto. Então, com o entusiasmo dos profissionais da moda nacional, a parceria com a Hering e a licença que o CFDA concedeu para o IBCC, criamos uma sinergia tremenda. Tivemos muito apoio da mídia, que se encantou com a iniciativa e nos cedeu espaços gratuitos na televisão, no rádio, nos jornais, nas revistas, nos outdoors e em todos os lugares possíveis. Para se ter uma ideia da repercussão da iniciativa, na mídia impressa obtive mais de 150 páginas de publicidade gratuita, nas mais importantes revistas do país, sem contar com o maciço volume de espaço editorial em todos os meios de comunicação. Diversas personalidades cederam sua imagem e fortaleceram ainda mais a campanha. A camiseta número um foi comprada pela então primeira-dama, dona Ruth Cardoso, em cerimônia realizada no Palácio do Itamarati, em Brasília. Na ocasião, dona Ruth convidou toda a sociedade a engajar-se na campanha.

Tudo isso transformou a campanha do câncer de mama no Brasil em um fenômeno mundial muito mais forte do que a própria campanha americana. A iniciativa brasileira, a primeira fora dos Estados Unidos, serviu de modelo para a franquia do projeto no exterior. Até hoje, a campanha Câncer da Mama no Alvo da Moda já arrecadou mais de US$ 25 milhões para pesquisas e tratamento da doença e continua sendo realizada com sucesso há mais de dez anos – o que muito me orgulha –, mesmo depois de eu ter me desligado do projeto.

Esse exemplo mostra como a intuição é imbatível quando associada ao raciocínio estratégico. O momento da "Eureca!", o insight que eu tive ao ver o press-kit com informações da campanha americana, foi como uma fagulha que acende a chama – desde que a fogueira já tenha sido devidamente preparada e que a faísca encontre alimento para transformar-se em labaredas. Se essa fagulha tivesse caído no vazio, teria se apagado tão rapidamente quanto se acendeu.

CAPÍTULO 3
POTENCIALIZANDO SEU PODER INTUITIVO

Conforme vimos até aqui, a intuição é um dos elementos-chave para se vender uma ideia em três minutos – e para muitas outras coisas. A intuição, o "faro" ou o "feeling" é o diferencial que distingue um empresário ou um profissional bom ou razoável de um que é brilhante; de alguém que acumula um ou outro sucesso de um verdadeiro vencedor. Nesse caso, cabe a pergunta: se somos naturalmente intuitivos, por que algumas pessoas parecem ser mais intuitivas do que outras? Por que certas pessoas se mostram tão hábeis em usar a intuição na vida profissional e pessoal, enquanto outras demonstram o oposto disso?

O fato é que, como qualquer instrumento, a intuição precisa ser afinada. Toda vez que ouvimos um músico tocar um instrumento perfeitamente afinado é porque, antes de subir ao palco, ele se deu ao trabalho de afinar cuidadosamente o seu instrumento.

Como, então, pode-se afinar a intuição?

No início deste livro, eu disse que a intuição não nos trai; nós é que a traímos. O primeiro passo, portanto, é entender como isso acontece. Um bom começo é analisar uma nova versão do experimento que relatei no primeiro capítulo, no qual a pesquisadora Nalini Ambady, da Universidade de Tufts, mostrava vídeos de dois segundos de professores em sala de aula e pedia que seu desempenho fosse avaliado por pessoas que nunca os viram antes – as avaliações coincidiram com as de alunos que já haviam estudado com esses professores. Em um experimento posterior, Nalini repetiu o procedimento, com uma diferença: antes de fazer a avaliação, um grupo assistiu a uma cena de comédia, enquanto outro assistiu à cena de um drama. O experimento mostrou que o grupo induzido a um estado de espírito descontraído após assistir à cena cômica foi capaz de avaliar os professores com mais precisão do que o grupo induzido a um estado melancólico após assistir ao drama. Nalini acredita que as pessoas de ambos os grupos provavelmente chegaram às mesmas conclusões iniciais quanto às avaliações dos professores. Contudo, as que estavam mais melancólicas começaram a duvidar de si mesmas e de seus instintos e acabaram abandonando sua primeira impressão intuitiva, o que tornou suas avaliações menos precisas e, em alguns casos, até incorretas quando comparadas ao feedback dos alunos que realmente conheciam os professores.

Pode-se inferir daí uma importante ligação entre a autoestima e a intuição. Quanto mais baixa for a autoestima, maior a tendência de duvidar de si mesmo e, por conseguinte, de sua intuição. Contudo, uma postura radicalmente oposta a essa também surte efeitos negativos. Se uma pessoa se tem em tão alta conta a ponto de considerar-se sempre "perfeita" e "infalível", essa autoimagem distorcida poderá distorcer também sua forma de lidar com a intuição. Em vez de ouvi-la, alguém assim tentará manipulá-la toda vez que ela contrariar seus desejos ou intenções. Essa pessoa não está seguindo sua intuição: está seguindo seus caprichos e vontades.

Portanto, afinar a intuição exige a postura equilibrada de não se deixar minar pela baixa autoestima, nem se deixar cegar por uma imagem arrogante e fantasiosa de si mesmo. É claro que não é fácil chegar a esse equilíbrio – e eu estaria mentindo se dissesse que existe alguma fórmula mágica. A autoestima, bem como sua ausência e seu excesso, está ligada à história de vida de cada um, e mexer com isso implica mergulhar em um processo de autoconhecimento, o que envolve tanto nossas motivações conscientes quanto as inconscientes.

No livro *Strangers to Ourselves: Discovering the Adaptive Unconscious*, Timothy Wilson observa que, ao tentarmos compreender melhor nossos processos inconscientes, abrimos a possibilidade de influenciá-los conscientemente. Em outras palavras, é possível direcionar pelo menos parte dessa poderosa força para, por exemplo, atingirmos nossos objetivos e metas. Wilson fornece uma pista de como conseguir isso: em vez de apenas sentar-se e pensar a respeito, é bem mais eficaz observar suas ações concretas e ver até que ponto elas correspondem à sua autoimagem. "As pessoas podem se enganar pensando que são, por exemplo, mais altruístas do que realmente são, até perceberem que raramente dão dinheiro para caridade ou se engajam em trabalhos voluntários", diz ele. E acrescenta: "Ao notarem de forma mais cuidadosa o que fazem (ou o que deixam de fazer), elas podem revisar suas teorias sobre sua própria personalidade".

Alguns traços e tendências inconscientes podem ser vistos como hábitos que são aprendidos com a prática. Logo, quanto mais exercitarmos a intuição, mais intuitivo seremos. E, é lógico, quanto mais transformarmos em hábitos ações e comportamentos que favoreçam nosso êxito pessoal e profissional, mais esses hábitos serão incorporados pelo inconsciente, potencializando nossas chances de sucesso.

As características do intuitivo: você as tem?

O psiquiatra suíço Carl Gustav Jung define a pessoa intuitiva como aquela que:

- Observa tudo de modo holístico.
- Confia em seus pressentimentos.
- É consciente do futuro.
- É imaginativa.
- É visionária.

Se transportarmos essas características para o mundo dos negócios, encontraremos o perfil detalhado de pessoas bem-sucedidas em suas profissões. **Observar tudo de modo holístico** refere-se a ver o mundo com a mente aberta, percebendo como diferentes aspectos relacionam-se para formar o todo. Para se chegar a isso, é imprescindível manter os cinco sentidos aguçados, pois eles são o filtro por meio do qual recebemos todas as informações externas. Se esse filtro não estiver funcionando a contento, corremos o risco de receber informações limitadas, distorcidas ou equivocadas e, o que é pior, de formarmos opiniões e tomarmos decisões com base nessas informações – que é exatamente o oposto do que uma pessoa intuitiva faz. Em meu livro *Sopa de Pedra: Dez ingredientes para você criar sua receita de sucesso*, digo, a esse respeito: "Vivemos num mundo em que o tempo é cronometrado pelo relógio, em que a correria e a agitação fazem parte do dia a dia, em que os negócios, o trabalho e os compromissos nos absorvem o tempo todo. Nessa rotina exaustiva, os cinco sentidos vão ficando cada vez mais embotados e, pior ainda, quase não percebemos isso. Quantas vezes olhamos sem ver, tocamos sem sentir, comemos sem perceber, ouvimos sem escutar e nem ao menos nos lembramos de que temos um olfato?". Os cinco sentidos são nossas portas e janelas para o mundo, e não há como observar tudo de modo holístico se os vidros das janelas estiverem sujos e as portas, travadas. Citando novamente o *Sopa de Pedra*: "Quanto mais os cinco sentidos forem usados de forma correta, mais afinados eles ficarão. E quanto mais afinados eles ficarem, mais aguçada será sua intuição. Eu diria mais: o que muitos chamam de 'sexto sentido' é, na verdade, uma intuição apurada, alimentada pelas informações que chegam por meio dos cinco sentidos plenamente desenvolvidos e abertos".

A segunda e a terceira características relacionam-se de uma forma muito interessante: uma propõe o alcance e os limites da outra. Dizer que a pessoa intuitiva **confia em seus pressentimentos** equivale a afirmar que ela tem suficiente autoestima para acreditar em si mesma e em sua voz interior. Mas como garantir que essa autoestima não irá se transformar na arrogância de alguém destituído de autocrítica? A resposta está na próxima característica do intuitivo, que é ser **consciente do futuro**. Não se trata apenas de antecipar o futuro, mas de ter consciência de que ele é moldado pela consequência de suas ações. Ou seja, a autoestima do intuitivo é pautada pelo equilíbrio e pela noção de responsabilidade.

As características seguintes também se complementam. O intuitivo **é imaginativo**, pois, ao ouvir sua voz interior, ele ganha acesso à fonte de sua própria criatividade. Contudo, essa capacidade de imaginar desaguaria no reino das fantasias e das quimeras se o intuitivo não fosse também um **visionário**, isto é, alguém que consegue canalizar e direcionar sua imaginação, transformando-se, assim, numa pessoa de visão.

Um dia, aos 21 anos, quando era estudante de economia da Faculdade Cândido Mendes, no Rio de Janeiro, ao folhear as páginas da revista francesa *Photo Magazine*, deparei-me com um artigo sobre a Elite Models, que na época era a maior agência de modelos do mundo. A matéria mencionava o concurso The Look of The Year e destacava seu criador, John Casablancas. Embora não dominasse muito bem o idioma francês, não foi necessário entender palavra por palavra para perceber nas entrelinhas que eu estava diante de uma oportunidade única. E foi assim que tive uma intuição poderosíssima: iria trazer a Elite para o Brasil. Daquele momento em diante, sem saber, eu já tinha começado a me valer de todas as cinco características do intuitivo – sem dúvida, um elemento fundamental para que eu transformasse uma ideia que muitos julgavam absurda em um empreendimento de grande sucesso.

Quando souberam de minhas intenções, todos na faculdade pensaram que eu estava ficando louco. Não faltaram argumentos para me dissuadir. Ouvi coisas do tipo: "Mas você não tem dinheiro, não tem contatos, não tem experiência, não tem idade suficiente, não tem cacife, não fala inglês, não terminou a faculdade, não vai ser levado a sério..." etc., etc. Ocorre que eu **confiava plenamente em meu pressentimento** de que poderia encontrar os meios de fazer a ideia dar certo, e, agora, pensando em tudo retrospectivamente, vejo que todos os que tentaram me desestimular acabaram me fazendo um favor. A oposição que encontrei me ajudou a perceber que há momentos na vida em que a única coisa com a qual você pode contar é a confiança que tem em si mesmo e em sua intuição. E, muitas vezes, isso é tudo o que importa.

Era madrugada quando terminei de ler a matéria e, no mesmo instante, comecei a escrever uma carta para John Casablancas, dizendo-lhe que via naquela ideia uma belíssima oportunidade de mercado. No dia seguinte, pedi a um amigo que traduzisse a carta para o inglês. Mandei-a por telex, mas não recebi resposta. Enviei outro telex para confirmar o recebimento do primeiro e recebi uma mensagem da assistente de Casablancas informando que ele já havia recebido minha carta e que me daria retorno assim que voltasse de uma viagem de negócios.

Não posso descrever a emoção que senti quando recebi essa simples resposta, mas, mesmo emocionado e feliz da vida, percebi que a comunicação escrita não seria suficiente para expressar minhas intenções. Foi então que decidi ir a Nova York apresentar minhas ideias pessoalmente. Nada como você mesmo vender suas próprias ideias. Ninguém melhor que você para fazer isso. Antes mesmo de saber como iria organizar minha viagem, enviei outro telex propondo uma reunião. Para minha surpresa, recebi uma rápida resposta confirmando uma reunião com Fernando Casablancas, irmão de John e responsável, na época, pela operação de franquias da Elite. Minha expectativa era enorme, mas não tinha tempo para ficar imaginando o que ia acontecer, se daria certo ou não. Precisava pensar rápido numa maneira de financiar minha viagem aos Estados Unidos. Veja bem: marquei a reunião com a Elite antes mesmo de conseguir dinheiro para a viagem. Foi uma forma de me pressionar, de tornar a ideia palpável, de pensar e agir ao mesmo tempo, sem hesitar.

Se pensasse muito, talvez terminasse agindo como as pessoas do experimento que relatei no primeiro capítulo, que refletiram tanto sobre o pôster que escolheriam que acabaram se arrependendo de suas escolhas. Eu poderia ter chegado à conclusão de que, "pela lógica", aquela ideia era impossível, e nunca teria marcado a reunião com Casablancas. Mas, felizmente, não caí nessa armadilha. Naquele mesmo dia, descobri, ao ler uma reportagem publicada na *Veja*, que a DHL, multinacional de entregas rápidas, estava oferecendo passagens aéreas sem custos para jovens universitários que tivessem interesse em viajar para os Estados Unidos, por uma semana ou duas, para atuar como *courier* da empresa. Não hesitei: peguei o telefone e liguei para Michael Manion, o então presidente da DHL, que conheci quando fui apresentar um antigo projeto. Contei meus planos para Manion e ele confirmou imediatamente meu credenciamento para viajar como *courier*. Com a data da viagem marcada, era hora de resolver outro problema: eu não tinha dinheiro para financiar as despesas extras com hotel, alimentação e traslado. A solução foi pedir algum dinheiro emprestado a meu pai e me hospedar, da forma mais econômica possível, em um albergue de estudantes.

Até aqui, a convicção de que a ideia daria certo vinha da crença que eu tinha em meu pressentimento. Mas se isso fosse tudo o que eu tivesse para apresentar a Casablancas, correria o risco de ser visto como um jovem tolo e presunçoso, e foi assim que minha **consciência do futuro** se manifestou. Ter consciência do futuro é muito diferente de sonhar com o futuro. Significa saber que o futuro é consequência não de seus sonhos, mas de suas ações. Portanto, eu tinha que transformar minha intuição inicial em um projeto concreto. Assim, obtive uma opção de compra de um edifício abandonado em São Conrado, no Rio de Janeiro, onde funcionava o restaurante Pote, e consegui que um amigo arquiteto preparasse, sem custos, um projeto completo para a implantação da agência Elite, da John Casablancas Modeling Schools, de uma academia de ginástica, de um estúdio fotográfico e do bar e restaurante Elite Fashion Café.

Logo que cheguei a Nova York, conheci um brasileiro que dominava o idioma inglês e que concordou em me acompanhar à reunião. Meu primeiro encontro com Fernando Casablancas foi muito positivo. Apresentei todos os meus planos, plantas do local, vídeos que mostravam exemplos da beleza da mulher brasileira e tudo mais. Ele me contou detalhes da operação Elite, falou sobre os concursos e também sobre a sua rede de franquias. Em seguida, Fernando ficou de avaliar o material, apresentar meus planos a John e me dar uma resposta. Uma semana após retornar ao Brasil, recebi uma carta de Fernando me informando que ele havia feito uma análise preliminar de meus planos e que gostaria de dar continuidade a nossos contatos. Sem hesitar, fiz outras viagens como *courier* para Nova York, a fim de me reunir com ele antes que tivesse oportunidade de conhecer pessoalmente John Casablancas.

Fernando, porém, queria mesmo era me vender uma franquia de escolas de modelos, enquanto eu queria uma opção para trazer ao Brasil o concurso The Look of the Year e, posteriormente, a agência de modelos Elite. Então, ele chamou o John para definir nosso impasse. Quando, enfim, fiquei frente a frente com o homem que lançara as modelos mais célebres da época, e que convivia com mulheres que frequentavam as capas de revista do mundo todo, minha ansiedade aumentou ainda mais. Ainda assim, consegui manter o foco. Em vez de me deixar intimidar, tratei-o de igual para igual. Expus minha ideia resumidamente, mas ele também tentou me vender uma franquia. Foi quando lhe disse: "Eu não tenho um centavo sequer, viajo para Nova York como *courier* e me hospedo no YMCA, portanto, não estou em condições de comprar nenhuma franquia". Ele riu e me perguntou: "Como você pretende fazer negócios com a maior agência de modelos do mundo sem dinheiro?". Respondi que acreditava muito em minha ideia de levar a Elite para o Brasil e transformá-la em um enorme sucesso, e acrescentei que poderia encontrar os recursos necessários para patrocinar a etapa nacional do concurso e, posteriormente, abrir a agência Elite Brasil. Naquela mesma reunião, ele me perguntou o que eu precisaria para seguir em frente. No final de nosso encontro, pedi uma carta de autorização para realizar um estudo de viabilidade com material de apoio: catálogos, vídeos promocionais etc. Ele me prometeu esse material para o dia seguinte.

Três meses depois, já estava começando a achar que ele tivesse desistido da ideia quando, enfim, recebi um pacote contendo a carta, um vídeo e alguns folders promocionais. O passo seguinte seria assistir ao vídeo da Elite. Como não tinha videocassete em casa, coloquei a fita em minha mala e a levei comigo para a Fenit, feira de moda realizada anualmente em São Paulo. Na feira, encontrei um aparelho de videocassete no estande de um dos expositores e tive a oportunidade de assistir ao vídeo do concurso da Elite. Fiquei lá, desligado de tudo, olhando aquelas belíssimas imagens de lindas aspirantes a modelo e imaginando meu sonho transformar-se em realidade. Desde o início, eu havia me mostrado **imaginativo** o suficiente para driblar as dificuldades e convencer Casablancas a me dar aquela carta de opção. Mas tinha chegado o momento de mostrar que eu também era **visionário**, e que tinha a visão necessária para buscar oportunidades e fazer daquele pedaço de papel um negócio de verdade.

A oportunidade surgiu assim que, ao sair do estande, fui abordado por uma mulher, que me perguntou: "Puxa, você é da Elite?". Ela me fez essa pergunta porque eu estava usando uma camiseta da Elite, que eu mesmo havia mandado fazer – e essa iniciativa aparentemente insignificante acabou criando uma oportunidade, pois a mulher jamais teria me abordado se não tivesse me identificado com a Elite. Seu nome era Vivi Haydu, e ela me convidou para ir ao estande de seu marido. Lá eles me revelaram suas frustradas tentativas de trazer para o Brasil a franquia John Casablancas Modeling Schools e a disposição de me ajudar a montar as peças do quebra-cabeça Elite, inclusive na identificação e na comercialização de patrocínios para o concurso de modelos Ellus Looking – The Look of the Year.

Após seis meses de visitas às principais agências de propaganda de São Paulo e a dezenas de potenciais patrocinadores, Vivi me apresentou ao dono da Ellus, Nelson Alvarenga. Nossa primeira reunião foi dividida em duas etapas. Começou no seu escritório, onde apresentei o vídeo promocional que produzi com imagens do concurso e depoimentos de formadores de opinião da indústria da moda brasileira, e terminou no seu carro, no trajeto da fábrica até a Abravest, da qual era vice-presidente na época. Ao sair de seu carro, tive a certeza de que havia encontrado o parceiro ideal para meu projeto. Preparamos, então, uma proposta específica para atender às necessidades e expectativas da Ellus. Pouco depois, Alvarenga bateu o martelo e assinou nosso primeiro contrato de parceria. Daquele momento em diante, construí com Casablancas e com Alvarenga mais do que um relacionamento de negócios, um relacionamento pessoal. O sucesso crescente de nossos eventos e das modelos descobertas e lançadas nos concursos Ellus Looking – The Look of the Year consolidou nossos laços, a ponto de Alvarenga logo se transformar em sócio da operação.

Ao longo dos anos, tenho contado várias vezes essa história em entrevistas, nos livros que escrevi e nas palestras que faço por todo o Brasil. E, em todas essas ocasiões, há sempre quem me pergunte: "Mas como tudo isso foi possível?", como que esperando que eu de repente tirasse algum ás da manga, ou revelasse algum trunfo escondido, algum "ingrediente secreto" que explicasse como, contrariando todos os prognósticos, toda a "lógica de mercado", o garoto de 21 anos que eu fui um dia realmente conseguiu concretizar seu sonho. Mas o fato é que, por mais que eu fizesse uma lista de fatores que contribuíram para que o projeto desse certo, nenhum deles teria me levado a lugar algum se, antes de tudo, eu não tivesse confiado naquela intuição que tive no momento em que folheava aquela revista francesa.

Deixando a intuição fluir

Para apurar a intuição, é preciso abrir o caminho, a fim de que ela possa fluir livremente. Isso não envolve nenhum tipo de "técnica paranormal", muito pelo contrário: é tudo uma questão de observar o seu cotidiano e adotar algumas medidas concretas para remover os obstáculos que dificultam ou impedem o fluxo da intuição. Aqui vão algumas dicas para ajudá-lo nessa tarefa:

1) Tenha clareza quanto a seus objetivos. Às vezes, o que achamos que queremos não é o que realmente queremos. Esse descompasso pode fazer com que a mente consciente trabalhe para uma finalidade, enquanto o inconsciente trabalha para outra – com frequência até antagônica. Um exemplo típico disso é aquela pessoa que se convence racionalmente a permanecer em um emprego quando, no fundo, odeia o que faz e se sente infeliz no trabalho. Conscientemente, ela quer manter o emprego. Inconscientemente, porém, não vê a hora de largar tudo e, sem perceber, acaba criando situações que a levarão a ser demitida. A única forma de alinhar essas forças e fazê-las agir a seu favor é sendo honesto consigo mesmo em relação a seus verdadeiros desejos, necessidades e metas.

2) Aprenda a relaxar. Conforme já foi dito, é preciso parar de vez em quando para poder ouvir a intuição. Práticas meditativas ajudam, mas quem não se sente inclinado a isso pode, pelo menos, aprender a soltar-se e a relaxar. Reserve um tempo para si mesmo, dedique-se a seus hobbies e a seus interesses pessoais, respeite suas necessidades e, assim, você estará dando mais espaço para que sua voz interior se manifeste.

3) Alimente sua intuição. O matemático francês Henri Poincaré disse certa vez que "a inspiração só vem para a mente preparada", e uma forma de preparar a mente é alimentando-a com informações. Bill Gates, que, conforme você viu no capítulo anterior, é uma pessoa que valoriza o poder da intuição, não deixa nada ao acaso. Ele sabe que uma ideia brilhante pode nascer de qualquer lugar, desde que você a procure em todos os lugares. Em uma palestra para a Newspaper Association of America, Gates comentou: "Leio um monte de material impresso. Leio a *Economist* de ponta a ponta. Leio o *Journal*, não todos os artigos, mas um monte deles, a cada dia. Leio o jornal dominical local, o *New York Times*. Leio a maioria das revistas de negócios. Leio ciência, a *Scientific American*. No trabalho, leio um monte de jornais especializados. Só recebo quatro jornais especializados em casa, mas recebo cerca de seis no escritório" – isso sem mencionar livros, leituras on-line e outras fontes de informação.

4) Cultive relacionamentos. Por que algumas pessoas conseguem fazer avaliações precisas de alguém que acabaram de conhecer enquanto outras fazem avaliações imprecisas? Por serem mais intuitivas? Não necessariamente. Seria mais correto afirmar que elas são mais propensas a fazer avaliações instintivas acuradas porque se dedicam a cultivar relacionamentos. O contato, a interação e o interesse pelos demais as tornam mais experientes e sensíveis no trato com outros seres humanos, o que estimula sua intuição na hora de formar uma impressão inicial de um recém-conhecido. Conforme explica David Funder, professor de psicologia da Universidade da Califórnia, "um bom juiz de caráter não é alguém que seja mais esperto; é alguém que passa mais tempo relacionando-se com pessoas".

CAPÍTULO 4
ALÉM DAS PALAVRAS

O cronômetro foi acionado. Você tem três minutos para vender sua ideia e apenas alguns segundos para causar uma impressão inicial favorável o suficiente para que a primeira porta, a da empatia, seja aberta. O que fazer?

Antes de prosseguir, tente parar um pouco e se imaginar nesta situação. Você está frente a frente com a pessoa que poderá comprar – ou não – sua ideia, seja ela qual for: um novo produto ou negócio, seus serviços ou os de sua empresa. Você também pode estar tentando vender a ideia de que é a pessoa certa para determinado trabalho, que está pronto para receber uma promoção, que merece um aumento de salário, que seu projeto irá beneficiar a empresa ou que sua sugestão contribuirá para melhorar as condições de trabalho. A pessoa diante de você olha o relógio e lhe dá três minutos, assim como Donald Trump fez comigo em nosso primeiro encontro. Pense em como você agiria nessa situação. O que faria? O que diria e de que forma diria?

Pronto?

Agora você pode continuar lendo este livro, e comparar sua experiência com as informações que irá receber a seguir.

Vender uma ideia em três minutos requer intuição e preparo. Nos três primeiros capítulos, falamos sobre a intuição. Neste e nos próximos capítulos, falaremos sobre a preparação.

Antes de tudo, é preciso preparar-se para causar uma boa impressão. Sabemos que, assim que uma pessoa coloca os olhos em você, o inconsciente adaptador dela capta e processa instantaneamente uma série de dados a seu respeito. A pessoa começa, então, a formar uma imagem mental de você, que pode ser positiva ou negativa. Esses dados captados pelo outro referem-se a tudo o que você transmite por meio de sua aparência, vestuário, postura, tom de voz, expressão facial e corporal, gestos, olhar, sorriso etc. Portanto, quanto maiores forem a consciência e o controle que você tiver desses elementos, maiores serão suas chances de influenciar de forma positiva a impressão que o outro registra a seu respeito.

Antes de vender sua ideia, é preciso vender sua imagem. Alfred Lyon, que foi presidente da Phillip Morris na década de 1940 e é considerado um dos mestres das vendas dos Estados Unidos, sempre insistia nesse ponto. Ao falar com suas equipes de vendas, ele costumava enfatizar: "Seus clientes não compram seu produto. Eles compram você. Venda-se primeiro!". Vender-se significava, para ele, criar empatia com seu interlocutor, fazer com que o outro o visse como alguém confiável, interessante, agradável, e não como uma pessoa interessada apenas em fazê-lo abrir seu talão de cheques.

Ninguém hoje em dia duvida da importância da imagem e da necessidade de trabalhá-la. Contudo, trabalhar a imagem não significa decorar uma série de "regras" e de dicas, removendo toda e qualquer espontaneidade. Quem age assim acaba criando uma imagem artificial, que provoca mais aversão do que simpatia. A espontaneidade acrescenta um toque fundamental à sua interação com os demais, pois transmite a sensação de que você está sendo sincero. Do contrário, seu interlocutor poderá fechar a guarda e pensar “Esse aí decorou um discurso para me convencer”, e é muito difícil prosseguir com sucesso depois disso.

Preparar-se implica estar consciente de uma série de elementos que contam, e muito, quando alguém está formando uma primeira impressão a seu respeito e saber combiná-los à sua espontaneidade, à sua intuição do momento. O empresário norte-americano John H. Johnson nos dá um bom exemplo de como isso funciona na prática. Neto de escravos, nascido na pobreza, Johnson teve de lutar muito para fundar a Johnson Publishing Company, editora cuja principal publicação, a revista *Ebony*, existe há mais de sessenta anos e é lida, a cada mês, por cerca de trinta milhões de pessoas. Ao longo de sua trajetória, enfrentou inúmeros obstáculos, dentre os quais o preconceito racial. Ainda assim, ganhou fama de ser capaz de vender qualquer coisa a qualquer pessoa em cinco minutos, ou menos. “Em meus primeiros tempos como vendedor, eu costumava pedir aos meus clientes e clientes potenciais apenas cinco minutos de seu tempo. Fiquei conhecido, na verdade, por pedir apenas dois minutos”, relembra o empresário no livro *Gênios dos Negócios*, de Peter Krass. “O que tornava esses cinco minutos eficazes não eram os cinco minutos que o cliente conseguia ver, mas as semanas e os meses de preparação que ele não podia ver.”

Conforme já foi dito, preparar-se é saber tudo o que pode ajudá-lo a causar uma boa impressão e, é claro, tirar proveito disso. Para tanto, temos que analisar quais são os elementos que entram em jogo quando duas pessoas se encontram pela primeira vez.

O corpo fala. E como!

Ao preparar-se para seu grande encontro, não basta apenas saber o que dizer. É preciso saber como dizer. Pioneiro no estudo da linguagem corporal, Albert Mehrabian, Ph.D. em psicologia e professor emérito da Universidade da Califórnia, estuda o assunto há mais de quarenta anos. Ele classificou os elementos que interagem quando uma mensagem é transmitida durante uma conversa frente a frente e, com base em suas pesquisas, atribuiu a cada um deles uma porcentagem relativa à sua importância na transmissão da mensagem. A classificação é a seguinte:

OS TRÊS VS DA COMUNICAÇÃO

Elementos **V**erbais (palavras) – 7%

Elementos **V**ocais (tom de voz, inflexão, timbre, ritmo, pausas, cadência, interjeições etc.) – 38%

Elementos **V**isuais (aspectos não verbais como imagem e expressão corporal) – 55%

Por mais surpreendente que possa parecer, **os elementos não verbais são responsáveis por mais da metade das chances de sucesso de uma comunicação verbal**. Até mesmo o tom como uma palavra é dita exerce sobre o ouvinte um efeito maior do que o próprio significado da palavra. Ou seja, o importante não é apenas o conteúdo, mas a forma como esse conteúdo é apresentado. Uma mensagem sem grande importância, transmitida por alguém cheio de vigor e entusiasmo, é recebida com muito mais interesse do que uma mensagem brilhante transmitida por uma pessoa apática e enfadonha. Um exemplo clássico disso é a pesquisa feita logo após a transmissão de um debate realizado em 1960 entre Richard Nixon e John F. Kennedy, ambos candidatos à presidência dos Estados Unidos. Quando os pesquisadores perguntaram às pessoas que haviam acompanhado o debate pelo rádio qual dos dois tinha vencido, a grande maioria dos entrevistados deu a vitória a Nixon. Porém, quando a mesma pesquisa foi feita com o público que assistiu ao debate pela televisão, o resultado foi uma esmagadora vitória de Kennedy – que acabou, de fato, ganhando a eleição. Não é difícil entender o que aconteceu. Jovem, vigoroso e exalando energia por todos os poros, Kennedy tinha uma imagem muito mais poderosa do que Nixon. Os que só puderam ouvi-los deram a vitória a Nixon, mas os que puderam ouvi-los e vê-los deram a vitória a seu adversário.

Outro exemplo célebre, que entrou para o anedotário de Hollywood, tem como protagonista o lendário produtor cinematográfico Sam Goldwyn, um dos fundadores da Metro Goldwyn Mayer e responsável pela produção de clássicos como *Ben-Hur*. Certa vez, Goldwyn reuniu-se com um roteirista a fim de ouvir suas ideias sobre um novo filme. O roteirista, porém, expressava-se de uma forma tão enfadonha que Goldwyn caiu no sono bem no meio da reunião. Ofendido, o homem acordou-o e disse: "Eu estou lhe pedindo sua opinião sobre a minha ideia e o senhor pega no sono?". Ao que Goldwyn replicou: "E dormir não é uma opinião?".

Voz, doce voz

O que torna esse quebra-cabeça ainda mais complexo é o fato de que o elemento teoricamente mais fácil de se controlar

– a palavra – é o que tem o menor peso na eficácia da mensagem. Você pode ensaiar cuidadosamente suas palavras, mas como controlar o tom, o ritmo e a cadência da voz? Um bom começo é adquirir o hábito de ouvir-se a si mesmo ao falar. Costumamos registrar automaticamente as características da voz de alguém que está falando conosco – "fulano é esganiçado, grita em vez de falar, gagueja, sussurra, tem má dicção..." –, mas raramente fazemos o mesmo com nossa própria voz. Pedir a opinião de terceiros pode ajudar – os outros às vezes apontam características que nós nem imaginamos ter. De acordo com essas observações, é possível buscar o equilíbrio: não falar muito alto nem muito baixo, nem rápido demais nem devagar demais. Se o ritmo da fala for monocórdico, o ouvinte perderá o interesse. Se for exageradamente enfático, pode soar agressivo. Algumas interjeições aqui e ali indicam que você está prestando atenção ao que outro diz. Interjeições em excesso soam como tiques nervosos ou trejeitos irritantes – experimente falar com alguém que diz "ahã" a cada três palavras que você pronuncia e veja por si mesmo o quanto esse hábito é enervante. Um tom de voz descontraído ajuda a quebrar o gelo. Descontração exagerada pode ser interpretada como desrespeito.

E, é claro, como você não está falando sozinho, mas com outra pessoa, também é importante adequar o ritmo e o tom de sua voz à de seu interlocutor, o que significa fazer pausas no momento certo, para que o outro possa expressar suas opiniões, e ter o cuidado de não "atropelar" suas falas, interrompendo seu raciocínio e deixando-o com a sensação de que você não está prestando atenção no que ele diz.

Há vários aspectos a serem considerados, e, em casos mais complexos, talvez seja necessário recorrer à ajuda de profissionais especializados, como os fonoaudiólogos. Contudo, educar a voz é um investimento que vale a pena. Afinal, a maneira como suas palavras soam é responsável por 38% da eficácia da sua mensagem.

Os elementos visuais

Se vivêssemos em um mundo perfeito, as pessoas não dariam tanto valor à aparência. Todos procurariam ver o que cada um realmente é, e haveria muito mais gente com a visão e a perspicácia de John Casablancas, que conseguiu enxergar naquele estudante inexperiente e sem um tostão no bolso que eu fui um dia uma pessoa com a convicção e a energia necessárias para transformar ideias em realidade. Mas, infelizmente, as coisas não são assim. No livro *Blink*, Malcolm Gladwell conta que, ao deixar o cabelo crescer em estilo afro, começou a ser parado no trânsito com uma frequência muito maior do que antes, embora continuasse a dirigir exatamente da mesma forma que sempre dirigira. Ele também se refere a uma experiência na qual músicos candidatos a vagas em uma orquestra fizeram seus testes por detrás de uma cortina, sem que as pessoas encarregadas pela seleção pudessem vê-los tocar. O resultado é que foram selecionadas pessoas que teriam sido rapidamente descartadas caso os selecionadores tivessem tido a chance de avaliá-las, primeiro, com base em sua aparência – e não apenas em seus dotes musicais. Você também deve conhecer inúmeras histórias como essas, se é que já não passou pessoalmente por uma situação similar. É por essas e por outras que o terceiro "V" da equação proposta pelo professor Mehrabian, o "visual", tem um peso tão grande, a ponto de ser responsável por 55% da eficiência de uma mensagem transmitida durante uma conversa frente a frente entre duas pessoas.

Certa vez, uma ex-funcionária me contou a seguinte história. Em seus tempos de estudante, ela decidiu aumentar seu orçamento candidatando-se a uma das vagas temporárias abertas por uma grande cadeia de lojas de departamento com o objetivo de reforçar seu número de balconistas e vendedores para o período do Natal. A seleção ocorreu num grande salão, com várias fileiras de cadeiras dispostas para que os candidatos pudessem sentar-se e preencher suas fichas de inscrição. No fundo do salão, havia uma escrivaninha, onde ficava a funcionária de recursos humanos encarregada de entregar as fichas aos candidatos que chegavam. Minha ex-funcionária sentou-se logo na primeira fila e pôde observar de perto o trabalho da encarregada do RH. Ela percebeu que, para algumas pessoas, a encarregada dizia imediatamente que as vagas já haviam sido preenchidas e as dispensava sem fazer uma única pergunta. Logo depois, chegava mais alguém, e a mesma funcionária que acabara de dizer que não havia mais vagas lhe entregava a ficha de inscrição sem nenhum problema.

Minha ex-funcionária continuou observando a cena e logo se deu conta de que as pessoas rejeitadas tinham certas características em comum. Ou estavam malvestidas, com um aspecto desleixado, ou, ao contrário, vestiam-se bem até demais, como se estivessem se candidatando a um cargo executivo, e não a uma vaga de balconista. As pessoas do primeiro grupo passavam uma imagem que não se adequava à que a cadeia de departamentos queria passar a seus clientes. As do segundo grupo transmitiam certo desdém em relação às vagas oferecidas, como se, por meio de suas roupas, estivessem dizendo: “Meu trabalho é outro, isso é apenas um quebra-galho". É claro que essas impressões poderiam ser enganosas, e é possível que em ambos os grupos existissem pessoas que talvez fossem excelentes balconistas e vendedoras. Mas o fato é que a encarregada do RH dispunha de pouquíssimo tempo para preencher um grande número de vagas e não podia se dar ao luxo de investir em alguém que, logo de cara, lhe passava a impressão de não se adequar ao cargo oferecido pela empresa.

Queiramos ou não, somos constantemente sujeitos a esse tipo de prejulgamento. Assim, é uma questão de bom senso tentar virar o jogo a seu favor. Não é preciso ser um especialista em moda e estilo para saber que suas roupas transmitem uma mensagem a seu respeito e que, ao decidir como vestir-se, você também estará decidindo a mensagem que deseja transmitir.

O vestuário, porém, é apenas um dos elementos visuais que respondem por 55% da eficácia da comunicação. A linguagem corporal exerce um papel decisivo, podendo confirmar, enfatizar ou até mesmo contradizer suas palavras. O rosto humano tem cerca de oitenta músculos, capazes de produzir mais de sete mil expressões faciais. Isso para não falar no restante do corpo: como deixar alguém entusiasmado com suas ideias se você está cabisbaixo, com os ombros curvados, numa típica postura de desânimo? Outro exemplo: você já tentou conversar com uma pessoa que ostenta o tempo todo uma fisionomia impassível, que o encara sem mover um único músculo? Mesmo que essa pessoa esteja ouvindo perfeitamente o que você está dizendo, você ficará com a sensação de que ela não o escuta, ou de que não tem interesse em escutá-lo, pois pequenos mas poderosos gestos de simpatia e compreensão, como um olhar compassivo, um sorriso, um sinal de assentimento com a cabeça, não estão presentes. Por mais que essa pessoa insista que ouviu ou que entendeu, você continuará com a sensação de que ela não lhe deu ouvidos. A linguagem corporal dela desmente-lhe as palavras, e é essa a impressão que fica.

Pode parecer lugar-comum insistir na importância de um sorriso, mas o fato é que até mesmo um detalhe aparentemente tão insignificante quanto esse pode ter um peso enorme, a ponto de atrair o interesse da ciência. Paul Ekman, professor da Faculdade de Medicina da Universidade da Califórnia, é um dos principais especialistas no estudo das expressões faciais – recentemente, ele foi convocado pelo governo americano para prestar assessoria na análise dos traços fisionômicos de terroristas. Segundo Ekman, o sorriso é um sinal que buscamos instintivamente quando vemos um novo rosto. "Podemos avistar um sorriso a trinta metros de distância. Ele sinaliza a possibilidade de termos uma recepção positiva, e é difícil não sorrir de volta", diz o professor.

Da teoria à prática

A essa altura, você pode estar se perguntando: como é possível controlar todas essas variáveis que influem no grau de eficácia de uma mensagem? Se apenas os músculos do rosto podem produzir milhares de expressões faciais, de que forma podemos lidar com tudo isso na hora de vender uma ideia em três minutos?

Calma. A resposta é bem mais simples do que parece. O grande segredo é ter uma profunda e genuína convicção de que sua ideia é realmente boa, de que ela tem tudo para dar certo e se transformar em um negócio de sucesso. Robert Woodruff, o homem que presidiu a Coca-Cola por mais de sessenta anos, disse certa vez:

> Nenhum ato de vendas é bem-sucedido a menos que alguma coisa do vendedor esteja presente. Sua integridade pessoal, sua crença em si mesmo e em seu produto precisam ser parte essencial de cada acordo de vendas (...). O mero ato de completar uma troca de bens ou produtos por um preço acertado não constitui necessariamente uma venda bem-sucedida, não importa o lucro, porque o verdadeiro vendedor deve vender um pouco de si mesmo em cada venda. Além disso, é necessário que ele seja um homem crente, em si mesmo e no seu produto. Mas isso também não é tudo. O vendedor precisa acreditar que aquilo que vende ajudará o negócio do comerciante ou a empresa compradora.[1]

Se essa convicção a que Woodruff se refere for forte o suficiente, ela irá transparecer em seus gestos e palavras, em sua linguagem verbal e corporal, em seu sorriso e em seu olhar, e até mesmo em seu aperto de mãos. Ao acreditar sinceramente em sua ideia, você literalmente exala entusiasmo e contagia os demais com sua convicção. E isso eu tive a chance de comprovar na prática inúmeras vezes.

Quando fui ao encontro de Donald Trump para vender-lhe o projeto do megaempreendimento imobiliário e ele me deu os famosos três minutos, meu único trunfo era a convicção de que a ideia seria um grande sucesso. E se ele teve uma boa impressão inicial a meu respeito foi porque tudo em mim exalava essa convicção genuína, sincera e profunda, essa determinação

1 Krass, Peter. *Os Gênios dos Negócios* (Rio de Janeiro: Campus/Elsevier, 2004).

de transformar um sonho em realidade. Trump descreve a impressão que teve em nosso primeiro encontro no depoimento que concedeu para meu livro *PDI – O Poder das Ideias*: "Minha primeira impressão ao conhecer Bellino foi que se tratava de uma pessoa determinada e bem informada. Ele sabe o que eu faço, conhece o mercado brasileiro, sabe o que é preciso para atingir os objetivos em seu negócio, ou seja, ele sabe o que está fazendo", escreveu o megaempresário.

A verdadeira convicção é algo que não se pode fingir. A menos que você seja um ator profissional – e dos bons –, é extremamente difícil, se não for impossível, treinar as dezenas de músculos do rosto para transmitir determinadas imagens que não correspondem à realidade, ou seja: passar um entusiasmo que você não tem, expressar uma determinação que lhe falta, manifestar uma convicção que você não sente. E pior do que passar ao outro a impressão de que você está desanimado ou inseguro é passar a impressão de que você não está sendo sincero. Na verdade, dependendo da pessoa com a qual você está lidando, mesmo que você deixe transparecer certa ansiedade e insegurança, ainda assim ela poderá ter uma boa impressão a seu respeito se, no fim das contas, seu entusiasmo e sua convicção prevalecerem. Foi o que aconteceu comigo em meu primeiro encontro com John Casablancas. Em seu depoimento para o *PDI – O Poder das Ideias*, ele descreve esse episódio da seguinte maneira:

> Um fator decisivo para comprar a ideia de trazer a Elite para o Brasil, de início, foi a persistência de Bellino. Antes de gostar da ideia de levar a Elite para o Brasil, eu gostei de Bellino. (...) Fiquei comovido quando vi aquele garoto que tinha vindo de tão longe e que estava tão

> emocionado de me encontrar depois de tantas tentativas. Gostei dessa persistência e desse entusiasmo. Assim, nesse primeiro encontro, Ricardo não me passou nenhuma segurança, ele estava realmente ansioso, mas também me passou muito seu desejo de acertar, uma vontade muito grande de conseguir as coisas, de concretizar sua ideia. Sempre fui muito mais influenciado pelas próprias características da pessoa do que com as coisas que são pré-trabalhadas na personalidade antes de uma reunião. Não me impressiono com pessoas que sabem usar bem as palavras. O que me impressiona bem nas pessoas é o entusiasmo, a transparência, o caráter, a vontade, o desejo de fazer as coisas. Quando Bellino tem uma ideia, ele começa a espremê-la de todas as formas para ver tudo o que pode extrair dela. Admiro muito a capacidade que ele tem de se entusiasmar e transformar uma ideia em várias ações. Isso eu percebi desde nosso primeiro encontro.

Assim, para concluir este capítulo, gostaria de lembrar que a melhor forma de causar uma má impressão é mostrar-se excessivamente tenso por causa da preocupação em causar uma boa impressão. A preparação, como disse antes, não pode excluir a espontaneidade nem se transformar numa camisa de força de palavras e gestos decorados que acabam surtindo um efeito oposto ao desejado. Acredite em sua ideia, e todo o seu corpo expressará isso.

Muitas coisas mudaram desde aquele primeiro encontro com John Casablancas. Com o tempo e com a experiência, fui aprendendo a controlar a ansiedade e a insegurança de meus primeiros anos como vendedor de ideias. Mas o entusiasmo, a determinação e a vontade de fazer as coisas darem certo – esses continuam os mesmos.

CAPÍTULO 5
SAIBA COM QUEM VOCÊ ESTÁ FALANDO

O poder da palavra

A fórmula dos três Vs nos mostra que 55% da eficácia de uma mensagem transmitida por uma pessoa a outra em uma conversa frente a frente dependem dos elementos visuais; 38% dependem dos elementos vocais; e apenas 7% referem-se ao elemento verbal, às palavras propriamente ditas. Mas essas porcentagens podem induzir a um equívoco fatal na hora de você tentar vender sua ideia com sucesso, e esse equívoco consiste em menosprezar ou subestimar o poder das palavras.

Por maior que seja o peso dos elementos visuais e vocais, se você estiver falando com um tarimbado homem de negócios, ele estará avaliando não apenas a forma como você apresenta seu discurso, mas também cada uma de suas palavras. Ao ouvi-lo, é como se ele estivesse preenchendo automaticamente um questionário mental: essa pessoa sabe do que está falando? Consegue ir direto ao ponto? Seu discurso tem fundamento ou ela quer apenas me enrolar? Está prendendo minha atenção o suficiente para que eu continue a ouvi-la ou está me fazendo perder tempo? Mesmo que você tenha sido "aprovado" nos outros quesitos, é nesse momento que os tais 7% que correspondem ao papel da palavra na eficácia da transmissão de uma mensagem podem representar a diferença entre o sucesso e o fracasso.

Há um exemplo interessante a esse respeito na primeira temporada do reality show O *Aprendiz*, o bem-sucedido programa apresentado por Donald Trump e exibido no Brasil pelo canal de TV a cabo People + Arts. Em um dos episódios finais, restaram apenas quatro candidatos na disputa por um emprego de US$ 250 mil por ano na Trump Organization. Ao longo do programa, os quatro haviam eliminado os demais concorrentes ao vencerem uma série de tarefas que colocaram à prova sua capacidade de liderança, sua iniciativa e seu talento para os negócios. A etapa seguinte consistia em uma bateria de entrevistas individuais conduzidas por funcionários de confiança de Donald Trump. Entre os quatro finalistas, havia uma bonita jovem, que chamava a atenção por seu carisma e aparência, e que despontava entre os favoritos para vencer a competição. Porém, ao analisarem os resultados das entrevistas, os entrevistadores emitiram um parecer que acabou com as chances da moça de ganhar a cobiçada vaga. Segundo eles, a candidata não se mostrara "consistente" em suas respostas, e suas palavras soavam vazias de significado. Resultado: apesar da beleza, do carisma e do bom desempenho nos testes, ela acabou sendo sumariamente demitida. Ou seja, todos os outros elementos responsáveis por 93% da eficácia de uma mensagem não foram suficientes para ajudá-la no momento em que ela teve de mostrar seu domínio dos outros 7% – as palavras.

Um discurso é eficiente quando prende a atenção do ouvinte e desperta o seu interesse. É dessa forma que você pede três minutos do tempo de alguém e acaba ganhando meia hora

– ou mais. Antes de fundar seu império editorial, o empresário afro-americano John H. Johnson atuou como vendedor de seguros – e foi tão bem-sucedido que acabou se tornando sócio majoritário da empresa na qual havia trabalhado, a Supreme Life Insurance. Johnson explicou da seguinte forma sua técnica de vendas: "Às vezes, você não consegue contar sua história em cinco minutos, mas, se você pede os cinco minutos, as pessoas ficam mais propensas a atendê-lo. Se você consegue colocar o pé na porta e contar uma boa história, elas o deixarão terminar, mesmo que leve trinta minutos ou uma hora; se, por outro lado, não houver interesse no que você está dizendo, cinco minutos já é demais".

Hoje em dia, a máxima "tempo é dinheiro" parece ser mais verdadeira do que nunca, e os cinco minutos que Johnson costumava pedir foram reduzidos para apenas três – exatamente o prazo que Donald Trump me deu para lhe vender minha ideia. Mas, embora o tempo das pessoas esteja se tornando cada vez mais curto, a fórmula para atrair sua atenção e tirar o máximo proveito possível desse tempo continua a mesma que Johnson utilizava anos atrás, quando era vendedor. Ele descreve esses princípios da seguinte forma:

1) Capte a atenção do cliente nos primeiros dois ou três segundos.
2) Encontre o ponto vulnerável. Todo mundo tem alguma coisa que o fará dizer sim.
3) Encontre e cultive pontos em comum. Você e o cliente podem discordar a respeito de várias coisas, (mas) você não está lá para falar do que os separa. Você está lá para

enfatizar valores, esperanças e aspirações que unem a ambos.[2]

Eu não poderia descrever, palavra por palavra, o que disse a Donald Trump naqueles três minutos – afinal, não usei nenhum discurso decorado que pudesse reproduzir automaticamente depois, nem seria esse o caso, pois eu estava vendendo a ideia de um luxuoso complexo de golfe e lazer, e você pode estar vendendo qualquer outra coisa. Mas posso dizer com certeza que usei todos os três princípios citados por Johnson. E posso dizer também que, se parte do segredo para captar a atenção, encontrar o ponto vulnerável e descobrir aspectos em comum consiste em usar a intuição, causar uma boa impressão e tudo o que foi discutido nos capítulos anteriores, outra parte consiste em conhecer bem a sua ideia e a pessoa para a qual você a está vendendo.

Conhecer bem a sua ideia significa que você a explorou o suficiente para saber sua viabilidade, seus desdobramentos e meios de implantação. Significa que você tem um projeto consistente e que é capaz de apresentá-lo de forma concisa, de fornecer qualquer detalhe que seja solicitado e de defendê-lo com segurança contra quaisquer objeções que possam surgir. Em outras palavras, trata-se de ter certeza de que sua ideia funciona e de estar preparado para mostrar o porquê.

A ideia de construir o maior e mais exclusivo condomínio de golfe da América Latina, e que seria o primeiro empreendimento com a grife do bilionário americano no Brasil, nasceu de uma intuição que tive durante uma conversa com um vizinho. Esse vizinho, que trabalha na área de incorporação imobiliária, perguntou-me, certa noite, se eu conhecia alguém interessado

---

2 Krass, Peter. *Os Gênios dos Negócios* (Rio de Janeiro: Campus/Elsevier, 2004).

em comprar um grande terreno à venda nos arredores de Itatiba, no interior de São Paulo. Ao ouvi-lo, me deu um "estalo": "Espera aí, se essa área é tão maravilhosa quanto você está dizendo, com uma localização excelente, vamos criar o primeiro empreendimento do Donald Trump no Brasil". Meu vizinho me disse para eu parar com aquela conversa, que aquilo era "papo de doido", e que ele só estava querendo vender um terreno. Então, respondi de pronto: "Querido, já estou visualizando essa história concretizada". Fiquei com o material do terreno e na mesma hora liguei para um amigo argentino que mora em Miami e que cuida de toda a imagem, dos logotipos e das apresentações visuais de minha empresa. Disse a ele que precisava criar a apresentação do projeto e expliquei-lhe a ideia. Em questão de horas, ele me mandou uma proposta de logotipia, com imagens de campos de golfe e todo o conceito visual já criado. Ficou tudo muito bonito, mas, até aquele momento, tudo não passava de um conceito e de belas imagens. Era necessário desenvolver um conteúdo à altura, algo que mostrasse a Trump que a ideia tinha potencial para se transformar num negócio lucrativo. Por isso, eu e meu sócio, Samuel Goldstein, aprofundamos a apresentação, desenvolvendo todos os componentes que pudessem dar uma visão global da ideia do ponto de vista mercadológico e a definição do produto em termos de marketing, incluindo alguns estudos preliminares relativos à viabilidade econômica. Enviei o material para Trump, juntamente com uma carta de apresentação escrita por John Casablancas, meu parceiro na implantação da agência de modelo Elite no Brasil.

Algum tempo depois, eu estava na casa do vizinho que me trouxera a proposta da venda do terreno quando meu celular tocou. Para minha grande surpresa, era a secretária de Donald Trump, perguntando-me se eu estaria disponível para conversar com ele naquele momento. Trump veio ao telefone me cumprimentar pela carta que Casablancas enviara para ele, pelo crédito que eu havia conquistado com o fundador da Elite e também por minha ideia. Perguntei-lhe, então, o que ele achava da apresentação que eu havia enviado. Foi com espanto que o ouvi dizer que não havia lido a apresentação: a carta de Casablancas fora suficiente para motivá-lo a entrar em contato comigo. Trump pediu-me que lhe enviasse novamente o material e, assim que o recebeu, ligou-me novamente, dessa vez pedindo-me que agendasse com sua secretária uma reunião para a semana seguinte.

É difícil descrever a euforia que senti. Contudo, essa sensação inebriante não afetou o meu bom senso. Sabia que, por mais que Trump tivesse gostado de minha ideia, o negócio só seria fechado se o projeto fosse suficientemente consistente a ponto de convencê-lo de que a ideia tinha tudo para dar certo. Samuel e eu arregaçamos as mangas e começamos a trabalhar. Era preciso saber o custo do terreno, dos projetos de campos de golfe, da urbanização e da infraestrutura, dos clubes e residências, enfim, de tudo o que dizia respeito ao empreendimento. Viramos as noites conversando com especialistas de todas as áreas, fazendo cálculos, orçamentos e estimativas, explorando todas as possibilidades, examinando todos os detalhes. E foi munido de tudo isso que me preparei para encontrar-me com Donald Trump. No depoimento que escreveu para meu livro *PDI – O Poder das Ideias*, Trump comentou: "O fator decisivo para que eu comprasse a ideia foi que ela era boa mesmo.

Bellino tinha analisado o projeto a fundo, e percebi que tinha tudo para dar certo".

E assim chegamos à outra parte da equação: conhecer bem a pessoa para a qual você está tentando vender alguma coisa. Todo o esforço que empreguei na preparação da apresentação não teria me levado a lugar algum se a ideia toda não tivesse despertado o interesse de Donald Trump. E eu não poderia fazer com que a ideia despertasse seu interesse se não soubesse de antemão quais eram esses interesses. Não me vali de nenhum método de adivinhação para descobrir isso. Muito pelo contrário, foi tudo uma questão de trabalho, ou seja, de dar-se ao trabalho de coletar informações, de pesquisar, de me informar sobre seu estilo, sua personalidade, seus gostos e sua forma de pensar e de agir. É um equívoco pensar que a possibilidade de lucro, apenas, é suficiente para motivar um homem de negócios a considerar a proposta de um jovem empresário que ele não conhecia, para embarcar em uma aventura comercial em um país que ele também não conhecia. Conforme escrevi no livro *Sopa de pedra: dez ingredientes para você criar sua receita de sucesso*:

> Antes de falar dos benefícios que a ideia trará, é necessário saber quais são os benefícios que seu candidato a investidor espera. (...) É lógico que o retorno financeiro é importante. Mas pode não bastar para fechar um negócio. Uma série de outros fatores entra em jogo: o retorno em termos de prestígio, reputação, projeção, satisfação pessoal – o que poderia ser melhor do que ganhar dinheiro com um projeto e, ainda por cima, ter prazer de participar dele?

Contudo, informar-se a respeito dos hábitos e preferências de alguém não vai ajudá-lo se você não souber complementar essas informações com a sua intuição, com o seu feeling. Quando a apresentação final do empreendimento ficou pronta, eu a apresentei a diversos especialistas e consultores para que eles me dessem suas opiniões. Todos foram unânimes em afirmar que era necessário "enxugar" o material, eliminando boa parte das informações referentes ao marketing. "Trump está interessado nos números. Seja mais objetivo", disseram-me eles. Mas bati o pé e me recusei a resumir a apresentação. "Trump é sinônimo de marketing", insisti eu, "dinheiro não é o mais importante para ele hoje. Claro que ele não quer perder dinheiro. Mas ser parte de um negócio com apelo, capaz de alavancar ainda mais a sua marca, é fundamental." Para horror de nossos consultores, tudo o que eles queriam eliminar foi mantido. E o fato é que foi exatamente isso que fez com que Trump e seus assistentes se encantassem com a apresentação e fechassem o negócio. Se eu tivesse concordado em excluir toda essa parte, ignorando minha intuição e as informações que eu tinha sobre a personalidade e o estilo de Donald Trump, é pouco provável que a ideia tivesse despertado seu interesse a ponto de levá-lo a fechar o negócio após os famosos três minutos.

Em vez de network, crie uma confraria

Um fator de grande importância para que eu conseguisse vender minha ideia a Donald Trump foi a carta de apresentação escrita por John Casablancas. É possível que, ao ler estas linhas, algumas pessoas pensem: "Assim é fácil. Se conhecesse alguém que pudesse me abrir as portas, até eu conseguiria!". Minha resposta é: então trate de cultivar amizades e ampliar seu círculo de relacionamentos. Achar que as coisas foram fáceis para mim por causa da carta de apresentação escrita por Casablancas é uma ilusão. Primeiro, porque quando o conheci não houve ninguém que me apresentasse a ele. Foi necessário um grande esforço de minha parte para superar inseguranças do tipo "Por que uma pessoa tão importante falaria com um estudante desconhecido, sem um tostão no bolso?". E também tive de me valer de uma grande dose de persistência para que esse primeiro contato fosse possível. Em segundo lugar, cabe ressaltar que, depois que a implantação da Elite brasileira decolou, nosso relacionamento não se manteve por acaso. A amizade que surgiu entre nós foi cultivada com base no respeito mútuo e na ética que sempre pautou minha trajetória profissional, e foi por esse motivo que ela sobreviveu às circunstâncias mais adversas que, de modo geral, costumam sepultar até mesmo as amizades sólidas. E foi assim que continuamos amigos mesmo depois do fracasso de algumas de nossas iniciativas conjuntas, como foi o caso, por exemplo, do lançamento da grife Elite no Brasil e de uma futura grife Casablancas, conforme relatei no Capítulo 2. Portanto, quando o criador da Elite Models concordou em escrever a carta de apresentação a Donald Trump, essa decisão não foi fruto de um momento, mas de dezoito anos de amizade.

Hoje em dia, virou moda falar da criação de networks, ou redes de relacionamentos. Não faltam livros e cursos que destacam as vantagens que você ganha, do ponto de vista profissional, ao ampliar sua lista de contatos e relações. E, com frequência, essas vantagens se resumem a uma só: conseguir ter acesso a pessoas que, por sua posição ou influência, poderão ajudá-lo de alguma forma a atingir os seus objetivos. Ocorre que essa é uma visão muito limitada do que é uma rede de relacionamentos, pois transforma as relações humanas em uma mera questão de troca de favores. Isso pode funcionar, mas só até certo ponto. Como, nesse caso, não existem laços verdadeiros entre as pessoas, mas apenas interesses utilitários, assim que uma pessoa deixa de ser "útil", ela é automaticamente descartada – e esse acaba sendo o destino de quem se preocupa em fazer "contatos" em vez de fazer amigos.

O verdadeiro network é muito mais uma confraria do que uma lista de contatos. Em uma confraria, as pessoas se aproximam umas das outras movidas pelo interesse saudável e natural de fazer amizades, de trocar experiências, de aprender com seus semelhantes. Ao serem devidamente cultivados, esses laços se transformam em uma rede de apoio mútuo, essencial não apenas para nossa vida profissional, mas também para nossa vida pessoal. O que vale, aqui, não é pensar em quem eu posso "usar", mas com quem posso contar.

A inteligência social

É esse tipo de visão mais ampla dos relacionamentos humanos que recebe o nome de inteligência social, definida por Edward Thorndike, da Universidade de Colúmbia, como a habilidade que cada indivíduo tem de entender e lidar com outras pessoas. Desnecessário dizer que essa habilidade é fundamental para qualquer um que queira ser bem-sucedido no meio empresarial.

Lee Iacocca, o célebre executivo que reinventou a Chrysler, tirando a empresa do atoleiro em que se encontrava no início dos anos 80, costumava dizer: "Negócios, afinal, nada mais são do que uma porção de relacionamentos humanos". Esse é um ponto de vista típico de uma pessoa dotada de um elevado nível de inteligência social, o que, com certeza, contribuiu para que Iacocca entrasse para o seleto time dos executivos que se tornaram lendas vivas no mundo dos negócios. Saber relacionar-se com as pessoas implica, entre outras coisas, saber ouvi-las e respeitá-las, e não as usar como alvo de seu mau humor ou de suas frustrações, mesmo que essa atitude venha disfarçada com frases do tipo "Fulano merece uma esculhambação". Em vez disso, uma pessoa com inteligência social mais elevada diria "Preciso conversar com fulano para saber o que está acontecendo", e procuraria fazê-lo depois que passasse o momento de raiva ou de irritação. Aliás, pensar antes de falar ou agir – ou, como se diz popularmente, "esfriar a cabeça" – é uma das características que identificam a "competência social" de alguém, ou seu nível de inteligência social. Vários estudos sobre o assunto apontam os diferentes aspectos que caracterizam o indivíduo com alto nível de inteligência social. Mas o que a ciência aponta, a prática confirma. Afinal, as características listadas a seguir aparecem com frequência na biografia das pessoas de sucesso – nos negócios e na vida.

Aceitar os outros como eles são. No convívio social, nada é mais desgastante do que tentar modificar as pessoas, ou moldá-las conforme nossos gostos e necessidades. Além de ser inútil, faz com que você seja visto como intolerante ou manipulador. Em vez de tentar forçar os outros a serem o que eles não são, uma pessoa com inteligência social preocupa-se em descobrir como as pessoas podem contribuir, sendo como são.

Admitir os próprios erros. Do ponto de vista social, poucas "pragas" são piores do que os donos da verdade. Os que nunca admitem seus erros acabam afugentando os demais ou oprimindo-os com sua arrogância. Um pouco de humildade faz com que a pessoa pareça mais humana e acessível, requisitos básicos para um relacionamento saudável.

Mostrar curiosidade e interesse pelas pessoas e pelo mundo em geral. Ninguém que seja do tipo "bitolado", que só fala de determinado assunto – sobre o trabalho, por exemplo –, consegue formar um amplo círculo de amizades. A fama de "chato" o persegue, e, na maioria das vezes, ele acaba se limitando a relacionamentos superficiais, com pessoas parecidas.

Ter consciência social. Esse é um desdobramento natural do genuíno interesse pelas pessoas que caracteriza alguém dotado de inteligência social. Esse tipo de pessoa não é indiferente aos problemas da sociedade na qual se insere e, sempre que pode, não se recusa a intervir para ajudar a solucionar esses problemas.

Ser pontual. Parece um detalhe insignificante, mas não é. Não fazer os outros esperarem desnecessariamente é sinal de respeito e consideração com os demais.

Ser sensível às necessidades e aos desejos alheios. Quem é socialmente inteligente sabe fazer com que os outros sintam que estão sendo compreendidos, que são dignos de atenção. E isso ocorre em virtude de sua sensibilidade em relação aos anseios dos que o cercam. Essa é uma característica imprescindível para lidar com egos, interesses e vaidades – coisas que não faltam sempre que um grupo de seres humanos está interagindo, seja nos negócios, seja entre familiares e amigos.

Fazer julgamentos justos; ser honesto consigo mesmo e com os outros. Nada mais equivocado do que confundir bajulação com inteligência social. Quem tem esse tipo de inteligência não bajula nem gosta de ser bajulado. Em vez disso, emite suas opiniões com honestidade – sejam críticas construtivas ou elogios – e procura ouvir todas as partes envolvidas antes de chegar a uma conclusão.

Saber transmitir informações relevantes e distinguir o que é relevante nas informações que recebe. A conversa "mole" não é sinal de uma elevada inteligência social – e dar o mesmo peso a tudo o que se ouve também não é. Na verdade, a falta de objetividade e coerência ao transmitir informações e a falta de discernimento ao retê-las e reproduzi-las indicam um baixo nível de inteligência social.

Saber colocar-se no lugar dos outros. Essa é uma característica essencial para criar empatia. Não é apenas uma questão de ouvir o outro, mas de ouvir de um modo solidário e compreensivo, a ponto de imaginar como seria estar em seu lugar.

Ter boa memória para nomes, rostos e fatos. Alguém com boa inteligência social chama a todos pelo nome – incluindo o zelador do prédio, o office-boy da firma, o garçom do restaurante, o vendedor de cachorro-quente. É o tipo de pessoa que, mesmo não fazendo parte de seu círculo íntimo de amizades, sempre pergunta como você vai ao encontrá-lo. E se você disser, por exemplo, que sua mãe está doente, pode ter certeza de que, quando a vir novamente, mesmo que seja um mês depois, ela lhe perguntará: "E a sua mãe, como está?".

Conseguir engajar-se em conversas com diferentes tipos de pessoas. Não importa se é a diarista que faz faxina em sua casa ou o diretor de sua empresa, se é seu melhor amigo ou um perfeito desconhecido. Quem é socialmente inteligente sabe aprender com as diferenças e sempre descobre e aprofunda os pontos em comum.

Adaptar-se bem em situações sociais. Sabe aquela pessoa que, em festas, sempre fica sozinha em um canto? Que nas reuniões de confraternização parece um peixe fora d'água? Que é a única do grupo que aparenta estar pouco à vontade, deslocada, contrariada? Essa é uma pessoa que precisa desenvolver mais sua inteligência social.

Ter bom humor. Saber rir de si mesmo, encarar a vida de uma maneira positiva e ter o bom senso de perceber que os outros não têm culpa nenhuma se você bateu o carro, se seus negócios não saíram conforme o esperado ou se choveu no dia em que você queria ir à praia – tudo isso demonstra sua competência para criar e cultivar bons relacionamentos.

Ter amplo conhecimento das regras e normas que regem as relações humanas. Esse aspecto inclui todos os outros, e mais: gestos de cortesia; sinais de boa vontade e receptividade; etiqueta social; palavras e comportamento adequados à pessoa, à ocasião e ao grau de intimidade que se tem com o outro; respeito às diferenças étnicas e culturais; e por aí afora. Não existe uma lista completa. Aprendemos à medida que convivemos uns com os outros.

CAPÍTULO 6

MIDAS E SADIM

Os especialistas em vender ideias em três minutos são pessoas que desenvolveram o seu "toque de Midas". Essa expressão originou-se de uma milenar lenda grega segundo a qual o deus Dionísio decidiu recompensar Midas, o rei da Frígia, por ter oferecido abrigo e proteção ao seu velho preceptor quando este se encontrava em uma situação difícil. Midas pediu como recompensa o dom de transformar em ouro tudo o que tocasse, mas depois implorou ao deus que o livrasse desse poder, pois até os alimentos transformavam-se em ouro ao tocarem seus lábios – e mesmo tendo a seu dispor todo o ouro que desejasse, ele estava em vias de morrer de inanição.

Porém, ao contrário da lenda que lhe deu origem, a expressão toque de Midas não se refere nem a uma bênção divina, nem a uma maldição. Refere-se, sim, à habilidade que alguns têm de obter lucros onde outros parecem só obter prejuízo, de encontrar oportunidades onde ninguém mais as vê, de transformar ideias em negócios de sucesso. Assim como Midas transformava tudo em ouro, pessoas com o toque de Midas mudam para melhor tudo aquilo em que tocam. Se a empresa está falindo, elas a recuperam; se o negócio está afundando, elas o fazem prosperar; se o projeto não consegue sair do papel, elas o colocam em prática; se o desânimo predomina, elas reinstauram o entusiasmo; se prevalecem brigas e desavenças, elas instituem um ambiente cooperativo.

São inúmeros os exemplos de pessoas com o toque de Midas. Silvio Santos assumiu um negócio cheio de dívidas que funcionava no porão de um prédio e o transformou nos carnês do Baú da Felicidade, até hoje um dos carros-chefes dos empreendimentos que ele deixou. A partir de um hospital à beira da bancarrota, Edson de Godoy Bueno criou a Amil, a mais bem-sucedida empresa de planos de saúde do país. Em plena crise dos combustíveis nos anos 70, Salim Mattar fez o que ninguém sonharia em fazer naquele momento: abriu uma empresa de aluguel de veículos, a Localiza, que viria a se tornar uma das maiores do Brasil. As histórias são muitas e envolvem desde figuras conhecidas até outras não tão familiares, mas que também prosperaram graças a seu toque de Midas. Você deve conhecer muitas delas: aquele funcionário que parece ter uma solução para tudo e cuja ascensão na companhia é meteórica, o vendedor que vende até geladeira para esquimó, o empresário que se deu bem a partir de uma ideia na qual ninguém acreditava, e por aí afora.

Porém, se todos já ouviram falar no toque de Midas, nem todo mundo ouviu falar no seu oposto, o rei Sadim. Podem não conhecê-lo pelo nome, mas com certeza já o viram em ação. Sadim é Midas escrito ao contrário. E, conforme seu nome indica, ele é o avesso de Midas. Se o rei da Frígia transformava tudo em ouro, o rei Sadim tem o poder de deteriorar tudo aquilo em que encosta a mão. Se o negócio dá lucro, ele faz dar prejuízo; se a ideia é boa, ele a faz afundar; se existe amizade e cooperação, ele logo instala a desconfiança e a desarmonia. O rei Sadim é, no fundo, uma pessoa extremamente insegura e com uma autoestima baixíssima. Contudo, como é incapaz de trabalhar seus pontos fracos, pois nem sequer admite que os tem, vale-se de uma enorme arrogância para ocultá-los até de si mesmo. O rei Sadim jamais se reconhece como tal. Ele acredita ser um Midas – mas os resultados de suas ações estão sempre a desmascará-lo. Naturalmente, isso não o detém: Sadim é mestre em culpar os outros por sua própria cegueira e incompetência e acredita piamente nas fantasias que inventa para mascarar seus fracassos. E avança, impávido, alheio ao rastro de destruição que deixa atrás de si.

Infelizmente, é inevitável que, cedo ou tarde, cruzemos com algum Sadim, seja na vida profissional, seja na vida pessoal. Saber reconhecê-lo, bem como as armas às quais ele recorre, e aprender a neutralizá-lo é, em muitos casos, uma questão de sobrevivência.

Identificando o Sadim

Todo ser humano é uma complexa mistura de emoções e sentimentos, uma combinação de elementos positivos e de outros não tão positivos, e o rei Sadim não é exceção. Acontece que seu sentimento de inferioridade e inadequação é tão profundo, e sua recusa em admitir isso é tão poderosa, que ele acaba se deixando conduzir por um incontrolável impulso de projetar nos outros as características que não consegue reconhecer em si – é a única forma que conhece de sentir-se um pouco melhor consigo mesmo. Esse comportamento faz com que ele seja visto quase como uma caricatura da vaidade humana em seu sentido mais extremo. Nele, a arrogância, a mesquinhez e o egoísmo transparecem sem qualquer filtro, pois autocrítica, equilíbrio e bom senso não podem ser cultivados por uma pessoa que se recusa a enxergar as próprias falhas. Por isso, é fácil observarmos no rei Sadim os seguintes elementos:

O espelho mágico. Assim como a madrasta malvada da história da Branca de Neve, o rei Sadim também tem um espelho especial, que lhe mostra apenas o que ele quer ver. Como resultado dessa distorção, ele vê sua arrogância como magnanimidade, sua mesquinhez, como generosidade, seu rancor, como "justiça", sua incompetência, como "culpa dos outros", e assim por diante.

Os bobos da corte. Para que o espelho mágico seja ainda mais eficaz, o rei Sadim procura se cercar de um séquito de bajuladores cujo grau de competência é medido por sua maestria na arte de puxar o saco. Se você já teve um chefe Sadim, deve ter percebido que ele sempre coloca nas posições-chave membros de seu séquito – mesmo à custa da saúde e da lucratividade da empresa. É claro que ele vai dizer que suas escolhas se baseiam na competência, mas qualquer um (menos ele) pode ver que o principal, se não o único, critério é fortalecer sua posição e seu ego. Os bajuladores nunca o questionam nem desafiam sua pretensa competência, já que isso é algo que eles mesmos não têm. Rodear-se de pessoas tão ou mais medíocres do que ele ajuda a aumentar sua ilusão de superioridade.

A falsa modéstia. Mesmo adorando a bajulação, o rei Sadim, com frequência, procura manter uma fachada de falsa modéstia. Mas essa falsa modéstia cai por terra no instante em que ele achar que não está recebendo a atenção que merece. Aí ele grita, esperneia, intimida, ameaça, calunia – tudo sob a alegação de estar sendo alvo de uma "injustiça" ou de querer corrigir um ato de "incompetência".

Os atalhos. Se o rei Sadim é assim tão incompetente, como é possível que tantas vezes o encontremos em posições de destaque? Primeiro, porque Sadim é, ele próprio, um bajulador, que sabe se aproximar e tirar proveito dos Sadim mais poderosos do que ele. Mas a bajulação não é o seu único atalho. Em alguns casos, ele pode chegar lá por meio de um casamento de conveniência ou de um bilhete premiado de loteria. Em outros, pelo simples fato de ser o filho do dono, o herdeiro ou o "protegido" de alguém importante.

O amigo da onça. Às vezes, pessoas que no início parecem ser nossas amigas mais tarde se revelam verdadeiros Sadim. Isso ocorre porque a dissimulação é outra de suas características. Ela pode fingir amizade para pegar carona no sucesso de alguém, mas, cedo ou tarde, tentará reivindicar esse sucesso só para si – é nessa hora que o Sadim mostra as garras.

A memória seletiva. O rei Sadim tem o incrível dom de reescrever a história à sua maneira. Naturalmente, ele se considera o próprio Salomão em termos de justiça – adora dizer "Eu sou uma pessoa 'justa!'" –, mas o fato é que palavras como reconhecimento e gratidão não existem no seu vocabulário. Ao relatar fatos passados, sempre aumenta sua importância e reduz, ou mesmo elimina, a importância dos outros. Pode chegar ao cúmulo de clamar para si a autoria de uma ideia que não teve ou de uma iniciativa que não tomou.

A inveja. Todo Sadim é um invejoso por excelência. Seus problemas de autoestima o levam a cobiçar o que os outros possuem, em vez de tentar obter essas coisas por esforço próprio. Ele inveja não apenas a riqueza e o poder, mas qualquer coisa que faça uma pessoa se distinguir: talentos, habilidades, méritos. Inveja o fato de alguém ser estimado pelos demais, os amigos que o outro tem e até mesmo a "sorte" alheia. As realizações passadas, o currículo acadêmico, o bom humor, a vida familiar de alguém, tudo pode ser objeto de sua inveja.

O dicionário pessoal. Sadim tem seu próprio dicionário, no qual as palavras assumem o sentido que ele quer lhes dar. O talento dos outros, ele chama de "sorte" ou de "pistolão". Sua própria falta de tato e de inteligência social recebe o nome de "honestidade" e, em geral, vem acompanhada da frase "Digo a verdade, doa a quem doer". Os mais habilidosos, ele chama de "medíocres", e os mais competentes são sempre "incompetentes".

A metamorfose ambulante. Sadim que se preza está sempre mudando de ideia, ou para acompanhar o que está na moda, ou para tentar contaminar os outros com sua eterna insegurança. Se num momento ele diz que gostou do seu trabalho, no instante seguinte pode dizer que você não faz nada que preste. Se hoje ele defende com unhas e dentes uma teoria, amanhã pode defender algo totalmente oposto. Nem tente entender: é melhor sair de perto de fininho e fingir que não escutou.

O rancor. O rei Sadim é capaz de lembrar-se daquele coleguinha da escola primária que tirava as melhores notas e atraía todas as atenções – e continuar lhe reservando sua parcela de ódio e ressentimento. E, se esquece de quem o ajudou, jamais se esquece de quem acredita tê-lo ofendido. E não deixa passar nenhuma chance de se vingar e de destilar o seu rancor.

A paranoia. Um Sadim "patológico", com o tempo, descamba na paranoia. A insegurança, que ele tanto tenta ocultar ou ignorar, vai crescendo nas sombras, e o faz ver, em toda parte, "conspirações" para "derrubá-lo". Qualquer um que não pertença à turma dos bajuladores pode ser visto como "traidor", e, às vezes, até mesmo alguns dos bajuladores pagam o pato. Como suas atitudes conduzem à catástrofe, quanto mais os sinais dessa catástrofe forem se tornando evidentes, maior é sua necessidade de encontrar bodes expiatórios. Seus delírios tomam a forma de uma caça às bruxas: se algo vai mal, é porque "conspiradores" estão tentando sabotar seus planos, sempre tão perfeitos. Para o rei Sadim, o mundo gira ao seu redor, e a principal ocupação dos outros consiste em tramar alguma coisa para derrubá-lo.

O arsenal do Sadim

Para atingir seus objetivos, o rei Sadim não hesita em partir para o jogo sujo. Fique atento às principais armas que ele costuma empregar:

Dissimulação. Embora goste de posar de corajoso, sua pose não passa de uma bravata – no fundo, ele é um covarde. Quer ver o circo pegar fogo, mas não quer ser apontado como o autor do incêndio. Por isso, recorre à dissimulação. Seus ataques são quase sempre indiretos. Costuma recorrer ao séquito de bajuladores para fazer o trabalho sujo por ele, e só parte para o ataque direto quando a vítima já foi abatida e não tem condições de reagir no momento.

Sadismo. Como todo invejoso, o rei Sadim se delicia ao ver o objeto de sua inveja passando por dificuldades e não perde a chance de aumentar ainda mais a aflição alheia. Quem teve um chefe ou um colega Sadim já deve ter passado por isso. Ele chega, coloca a mão no seu ombro e diz: "Ouvi dizer que alguém da diretoria está querendo a sua cabeça. Cuidado, eles estão de olho em você", e sorri intimamente ante a aflição de sua vítima.

Desdém. Na fábula da raposa e das uvas, a raposa, por não conseguir alcançar as uvas que tanto cobiça, finge desdenhá-las, dizendo: "Eu não quero mesmo. Essas uvas estão verdes". O rei Sadim faz exatamente a mesma coisa, ou pior. Para reforçar seu desdém, ele costuma recorrer também ao desprezo, ao sarcasmo e ao escárnio, esforçando-se para ridicularizar aquilo que, no fundo, inveja.

Fofocas, boatos, difamações e calúnias. Essas estão entre suas armas preferidas. O rei Sadim nunca sai de casa sem elas. Ele tem mestrado e doutorado na arte de iniciar e propagar fofocas e boatos contra seus desafetos – ou seja, as pessoas que ele inveja. Com isso, cria o ambiente propício para usar as armas seguintes, a difamação e a calúnia. Tudo isso muito bem embrulhado na dissimulação. Ele sempre começa dizendo: "Não sei se devia lhe contar, mas, como você é meu amigo..." ou "Não quero me envolver nisso, mas você precisa saber que..." e uma série de outras frases do gênero. O rei Sadim sabe muito bem que boatos infundados podem prejudicar a reputação de alguém, pois levam muita gente a pensar que onde há fumaça, há fogo. Na verdade, o certo seria pensar: onde há fumaça, provavelmente há um Sadim começando um incêndio.

Intrigas. O rei Sadim é especialista em colocar uma pessoa contra a outra, desfazer amizades e espalhar a desarmonia. Relacionamentos são um ponto particularmente sensível para ele. Como não consegue manter nenhum relacionamento saudável, morre de raiva ao ver o afeto sincero entre duas pessoas, ou a confiança que um chefe demonstra ter em relação a um funcionário. E fará o que puder para puxar o tapete de suas vítimas. Tudo, é claro, em nome de sua "verdade" e de sua "justiça".

Apropriação indébita. Muito cuidado ao expor uma ideia ou um projeto ao rei Sadim. Graças à sua memória seletiva, ele não se constrangerá em apropriar-se disso e apresentá-lo como se fosse dele. Cuidado também ao pedir-lhe ajuda, mesmo que seja uma simples sugestão. Sadim poderá aproveitar-se da oportunidade para dizer depois que foi ele quem fez todo o trabalho por você.

Os antídotos contra o Sadim

Não foram poucos os Sadim com os quais cruzei na vida. Na verdade, em cada etapa de implantação das minhas ideias, tive a oportunidade de topar com vários deles. Alguns se faziam passar por amigos e então, subitamente, mostravam quem realmente eram. Outros agiram como verdadeiros Sadim desde o início. O fato é que essas figuras são inevitáveis. Basta ter sucesso em alguma coisa para começar a atraí-las. Agora, o que não é inevitável é o estrago que elas podem causar em sua vida ou em sua carreira.

O que o Sadim mais deseja é reproduzir-se, é transformar você em um Sadim. E consegue isso cada vez que uma de suas vítimas se sente acuada e acaba lançando mão das mesmas armas que ele: as reações iradas, a mesquinhez, o desejo de ir à forra a qualquer custo. Diz a sabedoria popular que a melhor vingança é viver bem, e essa é a arma ideal para neutralizar o Sadim e não se deixar contaminar por ele. Por mais que os Sadim aparecessem em meu caminho, jamais me detive por causa deles, jamais desisti de perseguir meus sonhos, jamais abri mão dos meus valores, nem deixei que meu bom humor, meu entusiasmo e minha forma positiva de ver as coisas fossem deteriorados pelo rancor e pela mesquinhez desses reis sem coroas.

Em meu livro *PDI – O Poder das Ideias,* há um trecho do depoimento escrito por Jack Nicklaus, considerado o melhor golfista de todos os tempos, que é um verdadeiro antídoto contra os Sadim da vida. Nicklaus escreveu:

> Tenho o orgulho de dizer que nunca desejei que um oponente perdesse um golpe ou uma tacada em nenhum momento em todos os anos em que competi no golfe. Ao contrário, preferi concentrar-me exclusivamente em dar meus completos e melhores esforços ao que eu necessitasse fazer para vencer, o que me permitiu viver confortavelmente comigo mesmo, fosse qual fosse o resultado. Além disso, nunca vi nem ouvi um jogador realmente bom torcer para que um oponente errasse, particularmente nos torneios profissionais. Existe uma série de razões para que isso, se ocorrer, seja algo tão raro: em primeiro lugar, existe a própria camaradagem do golfe. Os

> melhores jogadores em todas as fases do jogo, profissionais e amadores, certamente estão tentando fazer o melhor para vencer os demais em todas as oportunidades. Mas eles também necessitam viver entre eles enquanto o fazem e isso produz um laço entre eles que parece superar os lados mais negros até dos tipos mais competitivos de personalidade. Quando você passa por isso, sabe como dói jogar mal e perder e isso não o incentiva a desejar essa dor a uma pessoa que, mesmo que nem sempre seja um amigo no sentido completo da palavra, é pelo menos uma pessoa que compartilha as mesmas experiências e desafios que você.

Por aí já dá para perceber por que Nicklaus é uma pessoa tão admirada e estimada dentro e fora dos campos de golfe. É pena que os Sadim não possam aprender nada com suas palavras, já que lhes falta a humildade de reconhecer que têm algo a aprender. Mas nós podemos. Não desejar o mal a ninguém – nem mesmo desejar que o adversário cometa um erro durante uma competição – contribui para criar um ambiente de companheirismo capaz de resistir a todos os ataques do Sadim.

Outra forma de se imunizar contra o arsenal do Sadim é zelando por sua reputação. Quanto mais sólida for sua credibilidade, mais difícil será para o Sadim tentar abalá-la por meio de fofocas e calúnias. Por outro lado, se encontrar uma pequena brecha, por menor que seja, ele fará de tudo para transformá-la em um enorme rombo.

Para concluir, resta observar que o Sadim não deve ser temido, pois o temor só serviria para dar a esse triste bufão uma ilusão de poder. E também não deve ser odiado, pois o ódio priva aquele que odeia de uma valiosa energia que deveria ser empregada em objetivos mais úteis. A atitude mais sábia consiste em simplesmente ignorá-lo e seguir adiante. Quanto aos transtornos que ele pode causar, veja-os não como obstáculos, mas como estímulos para lançar-se a voos cada vez mais altos. Conforme escreveu o escritor italiano Giovanni Papini:

> A melhor vingança contra aqueles que me pretendem rebaixar consiste em ensaiar um voo para um cume mais elevado. E talvez não subisse tanto sem o impulso de quem me queria por terra. O indivíduo verdadeiramente sagaz faz mais: serve-se da própria difamação para retocar melhor o seu retrato e suprimir as sombras que lhe afetam a luz. O invejoso torna-se, sem querer, o colaborador da sua perfeição.

CAPÍTULO 7

AS LIÇÕES DO VERDADEIRO APRENDIZ

Você já deve ter ouvido falar do reality show O *Aprendiz*, o programa no qual Donald Trump, apoiado por uma equipe formada por dois de seus colaboradores mais próximos e experientes, George Ross e Carolyn Kepcher, submete dezesseis candidatos a uma série de tarefas que visam avaliar seu potencial como homens e mulheres de negócios. Ao final de cada tarefa, os perdedores encontram-se com Trump na sala de reunião para discutir as causas do fracasso. O candidato que apresentou o pior desempenho é eliminado do programa, ouvindo de Trump o célebre e temível bordão: "Você está despedido". E assim o show prossegue com novas tarefas a cada episódio, até que, no final, resta apenas um candidato: o felizardo que ganhará um contrato de trabalho de um ano para presidir uma das empresas da Trump Organization com salário de US$ 250 mil por ano.

Desde sua estreia, o programa, apresentado no Brasil pela emissora de TV a cabo People + Arts, tem sido um estrondoso sucesso, e não é difícil entender o motivo disso. Ao longo do reality show, o público tem a rara oportunidade de acompanhar as disputas, as decisões, as estratégias, os erros e os acertos de pessoas que buscam o sucesso no mundo empresarial. Os meandros desse processo, que normalmente ocorre a portas fechadas, no interior das empresas, são expostos de maneira inédita na tela da TV. Não se trata apenas de entretenimento, mas de aprendizado. Episódio após episódio, os candidatos têm de vender sua imagem e suas ideias a um comprador exigente, o próprio Donald Trump, um homem cujos talento, intuição e experiência para os negócios o alçaram à condição não apenas de um empresário de sucesso, mas também à de bilionário.

Para mim, que me considero um eterno aprendiz, foi uma grande honra ler no novo livro do megaempresário, *Como Chegar Lá*, a seguinte passagem:

> De manhã voltei ao escritório para me reunir com George Ross. Discutimos os detalhes da tumultuada resolução da tarefa da véspera. Minutos e segundos importam, estando-se em uma Olimpíada ou em um negócio. George citou a matéria daquele dia do The New York Times sobre meu sócio brasileiro, Ricardo Bellino, na qual Ricardo disse que eu lhe dei exatos três minutos para me vender sua ideia em janeiro de 2003. Desde então estamos juntos nos negócios. Desde então estamos juntos nos negócios e ele talvez consiga fazer com que O *Aprendiz* seja transmitido no Brasil, no futuro próximo. Ele é um bom exemplo, para os aspirantes a aprendiz, do valor do tempo.

De fato participei da viabilização da versão brasileira de O *Aprendiz,* mesmo sem ter qualquer interesse comercial no assunto. Em uma iniciativa junto ao canal de TV a cabo People + Arts, organizei uma entrevista coletiva com George Ross no Brasil, com a finalidade de divulgar o lançamento do programa. Fiquei extremamente satisfeito ao saber que Roberto Justus, CEO do Grupo NewCom, o maior grupo de propaganda do país, havia sido escolhido para apresentar a versão nacional do reality show. Eu tinha a percepção de que Justus não deveria atuar como um "cover" de Trump, mas como um verdadeiro líder, capaz de imprimir seu estilo e sua personalidade ao programa. Essa percepção confirmou-se quando assisti com ele ao primeiro episódio de O *Aprendiz* brasileiro. A performance de Justus superou as expectativas.

Sobre minha participação na viabilização do reality show no Brasil, Justus faz o seguinte comentário:

> Ricardo Bellino é uma das pessoas mais criativas e empreendedoras que já conheci, além disso é detalhista e tudo o que ele faz é muito bem feito... Minha experiência com ele em O *Aprendiz* é mais uma prova contundente desta minha opinião. Pedi a ele que articulasse um encontro com Donald Trump para o kick-off de imprensa do meu programa brasileiro. Imediatamente ele coordenou todos os detalhes, marcou o encontro e me acompanhou para ter certeza de que tudo sairia como combinado. No final, como um bônus adicional, ele ainda conseguiu que fôssemos visitar os estúdios do programa americano, instalado no térreo do edifício Trump Tower, na 5a Avenida. Juntos trocamos algumas boas ideias sobre algumas das tarefas do episódio que envolvia a realização do Trump Open – o maior torneio de golfe do Brasil – e a produção de um supershow com Margareth Menezes, ambos realizados em Sauípe, na Bahia. Ricardo também organizou o prêmio da equipe vencedora daquele episódio, com uma visita aos escritórios da Trump Organization, e um bate-papo com o próprio Donald Trump. Vale ressaltar que o que me mais chamou atenção nesta experiência com Bellino foi o fato de ele não querer nenhum crédito pela inciativa.

Meu envolvimento com o programa foi guiado principalmente pelo interesse em divulgar as lições de empreendedorismo que ele transmite de uma maneira nunca antes vista na TV – e que são fundamentais para qualquer um que almeje o sucesso profissional. Em uma acirrada disputa que espelha perfeitamente bem a competição que encontramos na vida real, foram a intuição e o bom senso demonstrados na hora de aplicar essas lições que, em última análise, separaram os perdedores dos vencedores de cada tarefa proposta pelo programa.

A partir das experiências vividas pelos candidatos no reality show O *Aprendiz* e de observações feitas pela American Management Association e pelo próprio site oficial do reality show americano, extraí algumas dicas que podem ser muito úteis em seu dia a dia como empreendedor.

Conduza um brainstorming produtivo

Em vários episódios do programa, assistimos aos candidatos tentando realizar, sem muito sucesso, uma sessão de brainstorming. O problema, que não raro ocorre em muitas empresas, é que os participantes, com frequência, desviavam-se do objetivo do brainstorming – que é trazer à tona ideias criativas – e se perdiam em discussões inúteis. Ocorre que o brainstorming é parte essencial do processo de pensamento de um negócio ou nova ideia em toda e qualquer organização. Quando adequadamente executado, pode conduzir a uma dinâmica e valiosa troca de ideias e iniciativas. Porém, quando malconduzido, pode promover ressentimento e tensão interna e ser contraprodutivo.

Todos os participantes em uma sessão de brainstorming precisam recordar sempre que nada do que é discutido ou criticado nessas reuniões tem caráter pessoal – é estritamente um negócio. Para conduzir uma sessão que seja ao mesmo tempo criativa e bem-sucedida, convém observarem-se os seguintes aspectos:

- **Estabelecer o papel do líder.** O líder deve agir como o facilitador, monitorando o fluxo das ideias e, principalmente, assegurando que todos tenham a possibilidade de falar, que não haja interrupções e que a discussão não perca o foco predeterminado. O líder deve incentivar o desafio e o debate entre os participantes, o que torna a sessão muito produtiva. A hostilidade não é saudável e deve ser evitada a qualquer custo.
- **Definir a tarefa e manter o controle.** Todos os membros do grupo devem compreender claramente qual é o objetivo final do negócio em questão. Antes que as soluções sejam sugeridas, os fatos disponíveis, bem como os desafios, devem ser revistos e discutidos.
- **Indicar o objetivo da sessão.** O caminho da sessão de brainstorming precisa estar totalmente desobstruído. A finalidade é gerar ideias, sem considerar seu mérito logo de início.
- **Criar uma atmosfera positiva.** Os participantes devem se sentir livres para que a comunicação seja aberta e honesta. A seleção de um ambiente neutro se faz necessária. Encontre uma sala onde os membros da equipe possam estar fora de seus territórios, abasteça os envolvidos com água e/ou sucos e comece a trabalhar.
- **Usar um flipchart.** Isso permite aos membros do grupo a visualização das ideias e a discussão sobre aquelas que mais lhes interessam. Faça circular as notas, para

permitir que todos participem ativamente do processo de pensamento criativo.

- **Incentivar o fluxo das ideias.** Não deve haver nenhuma avaliação precipitada durante o brainstorming. Os membros não devem procurar imediatamente "a ideia". O objetivo da equipe é a geração de várias ideias. A solução vai surgir, quase sempre, da conjunção das várias alternativas apresentadas.
- **Monitorar com cuidado a comunicação verbal e a não verbal.** Escute todos os membros do grupo. Preste atenção, também, na comunicação não verbal. Ela indicará, mais do que as palavras, como os participantes se sentem em relação ao progresso do grupo.
- **Avaliar periodicamente o progresso do grupo.** Se as ideias apresentadas não provocarem entusiasmo, é necessário revê-las. Primeiro, focalize a discussão nos aspectos positivos de cada ideia. Depois, focalize nos pontos negativos.
- **Selecionar a ideia mais adequada ao objetivo proposto.** Mediante um processo de eliminação, identifique as melhores ideias e faça a seleção final. Escolha uma ideia que se encontre inteiramente alinhada com o objetivo da tarefa e que todos os membros da equipe estejam dispostos a apoiar.

Tome a decisão certa

É inevitável. Ao fim de cada episódio de O *Aprendiz*, o gerente de projetos da equipe perdedora tem de explicar a Donald

Trump e seus colaboradores por que tomou decisões que conduziram seu grupo ao fracasso. Como acontece na vida real, ele é considerado o responsável pelas decisões finais e corre o sério risco de ser demitido quando essas decisões se mostram equivocadas. No mundo dos negócios, tudo gira em torno de decisões, sejam elas tomadas por você individualmente, sejam elas tomadas como um membro da equipe ou como um líder. Existem decisões que podem se dar ao luxo do tempo, como planos de marketing e orçamentos; outras são praticamente “atiradas” em cima de você e têm de ser tomadas no mesmo instante. Porém, cada uma delas é vital para o seu negócio e/ou sua carreira.

Por isso, tome nota destas observações:

- **Combinar intuição com estratégia.** O equilíbrio é fundamental. Evite a fama de indeciso e a de impulsivo. Antes de decidir, avalie também as informações trazidas pelos demais. Se os outros sentirem que não estão sendo levados em conta, irão minar sua base de apoio. Refute sugestões inaproveitáveis com argumentos firmes e convincentes; do contrário, sua autoridade é que será minada.
- **Tomar decisões pela razão adequada.** Se você estiver em uma posição fortalecida, fique atento para que suas novas decisões não comprometam seu poder. Não menospreze a si ou a equipe por um simples gesto de bravata. Evite decisões inconsequentes que só lhe servirão para criar falsos momentos de glória.
- **Prevenir-se.** Visualize o pior cenário possível que poderia advir de sua decisão e certifique-se de que o risco vale a pena.

- **Compensar suas atitudes tendenciosas ao tomar decisões.** Você é uma pessoa limitada a "números" ou alguém que olha para um contexto maior? Você procura soluções rápidas ou de longo prazo? Melhore a qualidade de suas decisões aprimorando sua compreensão de si mesmo.
- **Praticar a regra do 80/20.** Reconheça que 80% das informações de que você necessita para tomar uma boa decisão podem, em geral, ser reunidas em um espaço de tempo relativamente curto. Não espere pelos 20% restantes. Na maioria dos casos, provavelmente eles não irão mudar a situação.
- **Confiar em sua habilidade de tomar decisões.** Aprendemos fazendo. Ninguém aprende deixando de fazer. Quanto mais decisões você tomar, mais chances terá de aprender e acertar cada vez mais. A maioria das decisões profissionais não requer uma sabedoria salomônica, mas sim que você pese os fatos e compreenda os indivíduos que estão envolvidos. Ao tomar uma decisão errada, é necessário ser flexível o bastante para mudar a direção.

Fique atento às finanças

Em quase todos os episódios de O *Aprendiz*, os participantes têm de controlar as finanças. Se recebem uma verba para adquirir material e vender limonada nas ruas de Nova York, precisam ganhar o suficiente para recuperar o investimento e ter lucro. Se a tarefa for reformar e alugar um apartamento, o valor do aluguel deverá ser superior ao que era cobrado antes da reforma. Obviamente, esse é o princípio básico de qualquer negócio bem-sucedido. Não há como prosperar gastando-se mais do que se ganha. Mas lidar com finanças envolve aspectos bem mais complexos. Na incerteza dos tempos atuais, em que todo executivo é responsabilizado pelos resultados, você precisa ter ou desenvolver um gosto especial por finanças. É preciso saber justificar um pedido, quantificar as contribuições à companhia e evitar, imediatamente, qualquer possível evasão de lucros. Não importa quão eficaz é o seu estilo de gestão, ou quão inovadora são suas ideias. Seu desempenho será medido real a real, ou até mesmo centavo a centavo.

- **Atenção com o plano de negócios.** Seu orçamento é o seu plano de negócios e deve refletir tudo que você pretende fazer. Se os números não fecham, talvez não seja um problema de orçamento. Melhor reexaminar seu plano de negócios.
- **Criar um fundo de contingência.** Admita que imprevistos ocorrem. Qualquer coisa pode custar mais do que você espera. Entregas de última hora, por exemplo, podem tirar muitos orçamentos dos trilhos.
- **Documentar tudo.** O ideal é ter todas as informações de custo e possíveis alternativas por escrito. Mantenha notas detalhadas sobre suas estimativas, raciocínio e cálculos que lhe fizeram chegar aos tais números.
- **Conhecer os seus custos.** Não chute. Se você não tiver condições de ter as informações precisas, é sempre melhor superestimar as despesas e subestimar as receitas.
- **Monitorar continuamente as despesas reais versus os custos previstos no orçamento.** O valor de uma fatura nunca deve aparecer como uma surpresa. Se

as despesas estão fora do previsto, não ponha sua cabeça no travesseiro e espere que as coisas se resolvam naturalmente. Tome uma iniciativa imediatamente. Corte as despesas até que você esteja certo de que o orçamento está outra vez nos trilhos.

- **Estabelecer verificações e balanços.** Defina limites para as despesas de seus diferentes níveis de colaboradores e tarefas específicas. Solicite aprovação prévia ou a sua assinatura para todas as exceções, evitando, assim, possíveis surpresas.
- **Não manter as pessoas no escuro.** Comunique continuamente às partes interessadas a situação do seu orçamento. Essa é a melhor maneira de evitar constrangimentos desnecessários.

Preserve sua credibilidade

O ponto culminante de cada episódio de *O Aprendiz* é o momento em que os integrantes da equipe perdedora são chamados à sala de reuniões para prestar contas da derrota. Nesse instante, os telespectadores que acompanham o programa já imaginam, de antemão, quem será atacado e criticado por seus colegas. São quase sempre aquelas pessoas cujas atitudes e cujo comportamento fizeram com que sua credibilidade perante os demais fosse abalada, levando-os a perder a confiança e, em alguns casos, até mesmo o respeito dos outros. Respeito, confiança e credibilidade são os elementos intangíveis que podem construir ou destruir uma carreira. Ganhar respeito e desenvolver credibilidade e confiança são fatores críticos para o sucesso nos negócios. Um líder eficaz não precisa impor nem exigir respeito – suas ações o ajudam a conquistá-lo.

Para ser respeitado e preservar sua credibilidade, você deve:

- **Criar uma visão...** e encontrar os recursos-chave para fazê-la acontecer.
- **Comunicar a visão.** Fale dela com confiança e consistência em toda e qualquer oportunidade.
- **Ser um apaixonado.** Seu entusiasmo incentivará as pessoas a aceitarem suas ideias e a perseguirem seus objetivos. Você não consegue despertar interesse nas pessoas se não for um entusiasta.
- **Ser visível.** Esteja sempre envolvido. Os membros da sua equipe querem um líder nas trincheiras, com eles. E se você disser que fará algo, eles precisam saber que podem contar com sua palavra. Se quiser que os membros da sua equipe sejam confiáveis, demonstre confiança.
- **Criar uma atmosfera de apoio.** Seja um bom ouvinte, paciente e aberto. Sua equipe precisa sentir que pode se expressar livremente. Confiança constrói confiança.
- **Demonstrar que valoriza o trabalho de cada membro de sua equipe.** Cada qual tem seu nível de habilidade e responsabilidades. Reconheça que cada um contribui para o sucesso do grupo.
- **Conhecer suas forças e limitações.** Avalie e compreenda como você é percebido pelos outros. Em particular, reconheça os seus próprios pontos fracos e trabalhe para eliminá-los. Seja capaz de falar sobre suas falhas com honestidade e integridade.

- **Aceitar a responsabilidade por suas ações e as da sua equipe.** Demonstre coragem. Se a equipe sentir que você a está usando como bode expiatório, você perderá seu respeito e seu apoio.

Escolha a melhor estratégia

Ao acompanhar O *Aprendiz*, temos a oportunidade de observar como as equipes desenvolvem suas estratégias para cumprir as tarefas propostas, e também os efeitos desastrosos das estratégias malsucedidas. Em um dos episódios da primeira temporada, o objetivo era comandar uma frota de riquixás (táxis-triciclos) e arrecadar a maior quantia possível após um dia de trabalho. A estratégia da equipe perdedora consistiu em concentrar esforços para atrair mais passageiros. Os vencedores, por outro lado, direcionaram esforços não só para atrair passageiros, como também para comercializar anúncios nos veículos. Ou seja, demonstraram ter mais visão e elaboraram a melhor estratégia.

Desenvolver uma estratégia competitiva e bem-sucedida requer uma compreensão profunda e completa não apenas de seus concorrentes e dos movimentos que estão ocorrendo, mas também de uma série de outros fatores que têm o potencial de influenciar sua posição de mercado. É tão importante conhecer as forças das quais você dispõe internamente na organização quanto saber os desafios e as oportunidades que podem existir do lado de fora. Para desenvolver uma estratégia vencedora, é importante:

- **Conhecer o mercado.** É essencial conduzir pesquisas para determinar quais produtos estão sendo oferecidos ao seu público-alvo e a que preço. Sem essa informação básica, você estará formulando o desenvolvimento de seus produtos e fixando suas estratégias de preço às cegas.

- **Conversar com os clientes.** Conheça em profundidade seus clientes e suas necessidades. Saiba o que estão dizendo sobre a concorrência. Amplie seu mercado identificando os clientes cujas necessidades não estão sendo atendidas pelos competidores e desenvolva produtos para atender a essas demandas.
- **Identificar as forças e fraquezas de sua organização.** A avaliação honesta dos recursos de sua companhia, bem como de eventuais falhas, é fundamental para um planejamento estratégico eficaz. Potencialize as suas forças e diferenciais para aproveitar as oportunidades do mercado. Fique atento às fraquezas da sua organização, especialmente as que podem causar impacto negativo em seus clientes. Negligenciar isso é dar vantagem aos concorrentes.
- **Analisar os produtos dos seus concorrentes.** Essa análise lhe dará ideias de como melhorar suas próprias ofertas e de como destacar os atributos de seus produtos em relação aos da concorrência.
- **Monitorar permanentemente os planos da concorrência.** Familiarize-se com os produtos dos concorrentes e com as estratégias de marketing que eles utilizam. Entenda o estilo de vendas e serviço que oferecem e, dessa forma, você poderá reagir a qualquer movimento do concorrente em tempo hábil.
- **Criar alianças que complementem suas forças.** Identifique os parceiros que possam preencher as lacunas

existentes em seus conhecimentos ou potencialidades. Lembre-se: admitir pontos fracos e trazer para perto quem sabe mais é sinal de inteligência.

- **Monitorar regularmente o seu mercado.** As necessidades de seu cliente e as potencialidades do seu concorrente mudam com frequência. Uma estratégia competitiva eficaz deve acompanhar lado a lado essas mudanças. Obtenha novas perspectivas de mercado por meio de seus próprios clientes e de outros, para validar o seu plano estratégico e/ou ajustá-lo quando necessário.
- **Antecipar o futuro.** Compreender o cenário competitivo é crucial para o desenvolvimento de uma estratégia vencedora. Entretanto, para obter e sustentar uma vantagem competitiva, é igualmente importante definir o que o futuro trará em termos de interesses e necessidades. Sem essa ligação entre o hoje e o amanhã, as chances de uma longa permanência no mercado são mínimas.

Saiba formar uma equipe vencedora

Os espectadores de O *Aprendiz* sabem que poucas coisas irritam tanto Donald Trump e seus colaboradores quanto ouvir os participantes queixando-se de suas próprias equipes. A um candidato que criticava duramente seus companheiros de grupo, foram dirigidas as seguintes palavras: "Não se queixe, resolva!".

Conquistar o respeito e a cooperação de colegas e funcionários é fundamental para manter a equipe coesa e motivada. E sem uma equipe coesa e motivada, não há como realizar com sucesso tarefa alguma, pois as brigas, a desunião, a falta de motivação e o descontentamento generalizado sempre farão com que os resultados fiquem aquém do desejado. Portanto, não deixe de:

- **Levar em conta a missão do grupo antes de selecionar uma equipe.** Escolha pessoas cuja capacidade e cujo desempenho sejam os mais adequados para alcançar o objetivo proposto. Não faça suas escolhas baseado em relacionamentos pessoais.
- **Organizar uma equipe diversificada.** Limitar o grupo a pessoas com interesses e experiências similares limitará também o resultado final. Recrute indivíduos que representem diferentes pontos de vista e percepções. Se houver necessidade de apoio de diferentes departamentos da organização, inclua em sua equipe membros desses departamentos.
- **Conhecer os pontos fortes de cada membro da equipe.** Pergunte-lhes quais tarefas eles se sentem mais preparados para desempenhar no projeto. Dessa maneira, ao delegar atribuições, você saberá quem está mais preparado e disposto para se encarregar das diferentes tarefas.
- **Não deixar dúvidas quanto ao que se espera de cada um.** Todos os membros de uma equipe necessitam compreender claramente quais são suas responsabilidades e os papéis que devem desempenhar.
- **Não perder o foco.** Se você mantiver o foco correto, os membros da equipe saberão claramente qual é a direção a seguir. Sempre comunique sua visão e envolva todos em discussões sobre o que está sendo feito, como e por quê.

- **Não criar bodes expiatórios.** Analise o desempenho global. Se uma única pessoa for considerada culpada por um eventual fracasso, é sinal de que a equipe não estava afinada e permitiu que alguém se sobrecarregasse e/ou se isolasse. Se a vitória é de todos, a derrota não pode ser só de um. Em uma equipe coesa, o mau desempenho de um de seus membros é percebido e neutralizado a tempo.
- **Manter a motivação.** Sem motivação, até a autoestima é afetada. Fique atento aos sinais de pessimismo ou de moral em baixa e não deixe o entusiasmo da equipe se desvanecer. Reconhecer publicamente as contribuições de cada um, por menores que sejam, é um poderoso fator de motivação. Por outro lado, autoritarismo, críticas destemperadas e abusos verbais acabam com o ânimo de qualquer um – além de indicar que você está perdendo o controle e o respeito, por si mesmo e pelos outros.
- **Pedir sugestões para melhorar o desempenho.** Novos integrantes da equipe geralmente conseguem enxergar coisas que os mais velhos, pela força do hábito, podem não perceber. Mesmo que você discorde das sugestões apresentadas, valorize a iniciativa de quem sugeriu.

Transmita entusiasmo

O desânimo é contagioso. Em diversos episódios de O *Aprendiz*, era possível ver na tela da TV uma situação que é frequente "do lado de cá". Sempre que o líder de uma equipe se mostrava indeciso, inseguro e desanimado, a desmotivação espalhava-se como praga entre os demais integrantes do grupo. Um líder "apaixonado" por sua visão pode provocar entusiasmo e motivação entre seus empregados e colegas e incentivá-los a alcançar o sucesso. Mas a forma como você elabora e apresenta as suas mensagens é fundamental para engajar os demais, conforme vimos nos primeiros capítulos deste livro. Acredite em suas ideias com entusiasmo. Se você tiver convicção em suas ideias, planos, projetos ou direção a seguir, isso irá se refletir em sua voz, em suas palavras e em suas ações. Sua paixão será aparente e influenciará outras pessoas. Ao transmitir suas ideias, não se esqueça de:

- **Construir o seu case.** Embase suas ideias de forma racional, mas também emocional. A intensidade de seus sentimentos, combinada com os fatos e a lógica, o fará encontrar em sua equipe o suporte necessário.
- **Ser direto e objetivo.** Líderes que agem de forma assertiva ganham o respeito dos seus colaboradores porque se expressam de maneira honesta e direta. Falando de forma assertiva, você pode expressar seu ponto de vista sem menosprezar ou alienar os outros membros da equipe.
- **Estabelecer diálogo.** Se você for sempre o único a falar, acabará falando sozinho. Dê espaço e atenção às opiniões alheias, e os outros se sentirão motivados a participar.
- **Manter a calma.** Se os membros de sua equipe perceberem que as dificuldades fazem você perder a cabeça ou entrar em pânico, o derrotismo se alastrará. O entusiasmo não é mantido só com palavras, discursos e sorrisos, mas também – e principalmente – com uma postura de serena confiança diante das dificuldades.

Aprenda a administrar conflitos

Não há um episódio de O *Aprendiz* no qual não haja briga ou desentendimento entre os participantes de uma mesma equipe. Isso não é de se estranhar, pois o conflito é uma consequência natural da interação humana. Coloque dois ou mais indivíduos juntos por um período de tempo significativo e, fatalmente, uma diferença de opinião surgirá. Quando pessoas se enfrentam e discordam sobre determinado assunto, podem tornar-se tão obcecadas em defender seus pontos de vista que param até de se comunicar. Isso não quer dizer que os desentendimentos não possam ser produtivos: eles podem gerar diálogos construtivos, por meio dos quais novas ideias poderão ser geradas e implementadas. Entretanto, quando os conflitos impedem mudanças e destroem o espírito de equipe, é preciso saber controlá-los a tempo. Para isso, é preciso:

- **Procurar objetivos comuns.** Relembre aos membros da equipe a missão de todos. Afaste-se de questões relacionadas à personalidade. Peça-lhes que reavaliem suas metas e concentrem-se unicamente nos objetivos comuns. Uma vez que os objetivos forem identificados, o grupo deve avançar e discutir meios de compartilhá-los.
- **Identificar o foco de conflito entre membros da equipe.** Quanto mais informação você tiver sobre um desentendimento, mais chances terá de ajudar a resolvê-lo.
- **Conquistar o comprometimento de todos.** Os objetivos devem ser compartilhados, mas os meios para alcançá-los podem variar. Atinja um consenso para depois prosseguir rumo à realização dos objetivos comuns.

- **Exercitar a cortesia profissional.** Demandas ríspidas servem apenas para alienar as pessoas. E o que é pior, a hostilidade pode tornar-se infecciosa, afetando todos os membros da equipe.
- **Olhar além do problema.** Pode não ser necessariamente a situação, mas sim a perspectiva dos envolvidos que faz com que a raiva se manifeste – o que pode conduzir a um sério conflito.
- **Encontrar as bases para um acordo.** Os membros da equipe podem não ter os mesmos pontos de vista, mas necessitam de um ponto de partida para começar a discussão de uma nova ideia. Faça com que os membros da equipe reconheçam as diferenças de opinião e procure maneiras de eliminar as lacunas ou as divergências entre elas.
- **Confrontar os problemas confidencialmente.** Se você tiver que confrontar um membro da sua equipe, faça-o em particular. Vozes exaltadas não têm lugar algum no trabalho. Porém, isso não significa que você tenha de aceitar um desempenho medíocre ou a falta de cooperação de um membro da equipe.
- **Evitar a hostilidade reformulando a conversação.** Comunique-se com cuidado. Isso é especialmente importante ao tratar com pessoas com as quais ocorreu algum desentendimento. Aconselhe-as a não adotar uma postura beligerante ou irônica.
- **Enfatizar os aspectos positivos.** Quando você percebe o desempenho positivo de um colaborador com o qual

é difícil trabalhar, reconheça seu mérito imediatamente. Deixe-o saber que seu desempenho está sendo apreciado.

- **Amenizar o clima.** Fale de modo franco, mas não ameaçador. Falar de forma aberta e honesta com os membros da equipe – especialmente com os que estiveram envolvidos em conflitos de personalidade – pode evitar futuros problemas.

Seja um gerente de projetos eficaz

Os episódios de O *Aprendiz* não deixam dúvidas quanto à importância do gerente de projetos. Quem for escolhido para desempenhar essa função depara-se com uma verdadeira prova de fogo. Caso se mostre à altura da responsabilidade e conduza sua equipe à vitória, o gerente de projetos terá uma chance única de se destacar dos demais e exibir o seu potencial. Se falhar, porém, corre sério risco de acabar ouvindo de Donald Trump a célebre frase: "Você está despedido". Do outro lado da tela da TV, a situação não é diferente.

Um gerente de projetos eficaz é aquele que encontra soluções para executar tarefas complexas e multifuncionais, no tempo previsto e dentro do orçamento, mas sem a pretensão de querer fazer tudo sozinho. A habilidade de planejar, coordenar e executar projetos requer, entre outras coisas, a capacidade de liderar e influenciar positivamente os colaboradores, orientando-os e motivando-os a dar o melhor de si para atingir um objetivo comum. Por isso, ao gerenciar um projeto, lembre-se de:

- **Definir claramente, desde o início, o escopo do projeto.** Transforme os objetivos e necessidades do projeto em parâmetros concretos para sua implementação.

Essa é a melhor maneira de evitar que o projeto fique fora do controle.

- **Definir prazos realistas para se manter no cronograma.** Execute essa tarefa em conjunto com todos os membros da equipe envolvidos no projeto. Realista é a palavra-chave, pois nem mesmo sua equipe comprará a ideia se não acreditar que o prazo de execução é viável.
- **Desmembrar o projeto em tarefas menores e gerenciáveis.** Isso tornará o trabalho menos intimidante para os membros da equipe e permitirá que determinados grupos de tarefas sejam concluídos nos prazos estabelecidos.
- **Delegar tarefas com base nas competências dos membros da equipe.** Conheça os atributos individuais de cada um e delegue tarefas de acordo com esses atributos. Monitore o trabalho para assegurar-se de que as tarefas estão sendo realizadas conforme foi previsto.
- **Estimar o impacto que o custo terá sobre o projeto.** O gerente precisa estimar com antecedência todos os custos inerentes ao projeto para poder empregar os recursos disponíveis de forma racional.
- **Mostrar-se entusiasmado com o projeto.** O entusiasmo de um líder inspira os demais, contribuindo para manter a equipe motivada e envolvida. Mesmo que algo não saia conforme o planejado, mostre se confiante para evitar que a equipe fique desestimulada. Atitudes positivas ajudarão o grupo a superar os reveses.

- **Instaurar e valorizar o espírito de equipe.** Os membros de sua equipe devem sentir-se orgulhosos por fazer parte do grupo. Se eles não estiverem entusiasmados com as realizações passadas e motivados em relação aos novos objetivos, seu comprometimento não será total. Isso poderá criar problemas para você, tornando mais difícil alcançar o objetivo da equipe.
- **Antecipar possíveis obstáculos.** Todos os projetos têm problemas. Desenvolva e dê prioridade aos planos de contingência e saiba quais as alternativas para implementá-los quando necessário. Isso reduzirá a necessidade de medidas drásticas, além de assegurar a conclusão bem-sucedida de seu projeto.
- **Planejar as mudanças.** Durante a execução de um projeto, mudanças poderão ser necessárias. Um gerente de projeto eficaz terá sempre pronto um sistema de mudança que o ajudará a ajustar rapidamente o rumo do projeto.
- **Manter uma visão global.** Em vez de concentrar-se somente nos detalhes das tarefas que devem ser feitas, concentre-se no objetivo final. Dessa forma, você ficará menos vulnerável se um problema específico ocorrer no meio do caminho. Mantenha uma visão clara e prepare seu projeto para os momentos difíceis.
- **Não perder o "pulso" do projeto.** Como líder, você tem a obrigação de monitorar o progresso da sua equipe no que diz respeito às tarefas realizadas, bem como à aplicação dos recursos. Não diminua a sua participação. Seu envolvimento permanente ajudará a manter o seu projeto nos trilhos.

Delegue corretamente as tarefas

Delegar tarefas e responsabilidades da forma correta é um dos maiores desafios encontrados pelos participantes de O *Aprendiz*. Muitas vezes vemos o gerente de projetos sucumbir à tentação de querer fazer tudo sozinho ou, então, de seguir na direção oposta: delegar incumbências sem maiores critérios e perder o controle de todo o projeto. Se na sala de reuniões ele começar a culpar os outros pelo fracasso, ouvirá de Donald Trump a pergunta: "Por que você não tomou o controle da situação?". Se assumir a responsabilidade pelas decisões finais, a pergunta será: "Por que você não ouviu as opiniões dos outros?". A situação aparentemente contraditória indica o delicado equilíbrio necessário na hora de delegar tarefas. Se, por um lado, o líder precisa ouvir as opiniões de sua equipe, sabendo quando acatá-las e quando rejeitá-las sem causar mal-estar, por outro lado é fundamental que ele delegue responsabilidades de acordo com a competência e habilidade de cada um – o critério, aqui, não é escolher quem se oferece para executar uma tarefa, mas quem é realmente capaz de executá-la. A pessoa para a qual a tarefa foi delegada é responsável por sua execução. Contudo, a responsabilidade pelos resultados finais é sempre do líder. Sendo assim, não deixe de:

- **Estabelecer objetivos.** Fale claramente à sua equipe quais são as metas a serem alcançadas para que o projeto seja bem-sucedido e determine junto com ela o que é necessário para chegar lá.
- **Fazer com que a equipe se sinta envolvida com o projeto.** Incentive seus colaboradores a participar da elaboração da estratégia mais adequada para atingir os

resultados desejados. Seja diplomático, porém firme, ao acatar e rejeitar sugestões. Embora a decisão final caiba ao líder, é importante não fazer com que os demais membros da equipe se sintam alienados do processo.

- **Selecionar a pessoa certa para cada tarefa.** Quando alguém se oferecer como voluntário para determinada missão, certifique-se de que a pessoa em questão tem o perfil mais adequado para realizá-la.
- **Fornecer direções.** A pessoa encarregada de uma tarefa deve ter certa autonomia para executá-la, mas a direção quem dá é o líder. Oriente seus colaboradores sem demonstrar prepotência.
- **Ter certeza de que todos entendem o que você espera deles.** É impossível delegar tarefas com sucesso se os membros da equipe não compreenderem com clareza o que você espera que eles façam e os resultados que devem atingir.
- **Evitar surpresas desagradáveis.** Não confie apenas no que você espera que cada um faça. Em vez disso, certifique-se de que eles estão fazendo o que é esperado. Faça follow-ups constantes para acompanhar o desenvolvimento do projeto, mas faça-os de maneira rápida e objetiva. Não permita que os follow-ups se transformem em reuniões intermináveis e contraproducentes.
- **Saber o que delegar e o que não delegar.** Nem tudo pode ser delegado. Organizar a equipe, avaliar desempenhos e determinar direções (e mudanças de direções) são responsabilidades exclusivas do líder.

- **Fazer elogios e críticas.** Elogie aqueles cujos desempenhos se destacaram e faça uma avaliação crítica dos que ficaram aquém do esperado. Não aceite nenhum jogo de "empurra-empurra": cada qual tem de responder pela tarefa que lhe coube, assim como você terá de responder pelo resultado final.

Comunique-se da maneira certa com seu chefe

Se tem uma coisa que deixa Donald Trump furioso é quando algum candidato começa a interrompê-lo repetidas vezes quando ele está falando. O público de O *Aprendiz* já presenciou essa cena diversas vezes e deve ter se espantado com a falta de tato que alguns participantes demonstram ao se dirigirem ao chefe. Saber quando e o que falar é fundamental. Para isso, tenha sempre em mente as seguintes dicas:

- **Reuniões exigem preparação.** Cuidado com o improviso. Antecipe as questões que serão perguntadas e certifique-se de que você está em condições de respondê-las. Prepare com antecedência todo o material que você precisa levar. Esquecer-se de algum documento que você deveria apresentar é um constrangedor sinal de negligência.
- **Pensar antes de falar.** Não se exponha inutilmente. Em um episódio de O *Aprendiz*, um dos membros da equipe perdedora tinha imunidade, ou seja, pelas regras do programa, não estava sujeito a ser demitido, pois havia liderado a equipe vitoriosa no episódio anterior. Porém, no afã de defender seu desempenho, ele disse que sua atuação fora tão boa que estava disposto a abrir mão de sua imunidade, pois tinha certeza de que não seria demitido.

A bravata acabou lhe custando a chance de continuar no programa.

- **Ir direto ao ponto.** Responda objetivamente o que lhe foi perguntado. Não exaspere seu chefe com rodeios, delongas e detalhes que ele não quer saber naquele momento.
- **Evitar o "morde e assopra".** Diga o que você tem a dizer de modo educado, porém firme. Lançar mão de eufemismos, alusões e indiretas não é sinônimo de diplomacia. Na verdade, isso é recebido como um sinal de que você não tem coragem de expor e defender sua verdadeira opinião.
- **Buscar a informação certa.** Se seu chefe lhe faz uma pergunta e você não tem as informações necessárias para respondê-la, a melhor saída é ser honesto e dizer que você precisa buscar mais informações a respeito. Chutar, enrolar ou passar dados incorretos o colocará numa situação muito pior.
- **Timing é tudo.** Principalmente se você tiver de discutir um aumento de salário, uma promoção ou algum assunto pessoal. É caminho certo para o desastre tentar falar disso com seu chefe quando ele está muito ocupado lidando com algum problema urgente da empresa ou quando ainda está sofrendo o impacto de alguma má notícia ou revés. Use sua sensibilidade e bom senso para perceber se o momento é adequado ou não.
- **Saber argumentar.** Não confunda argumentação com discussão. Se tiver de contrariar seu chefe, certifique-se de que sua argumentação é sólida. Apoie-se em números, dados e fatos, e não apenas em opiniões. Mantenha

o tom cordial, para evitar bate-bocas e confrontos. Não encare a situação como uma disputa. A palavra final é dele, mas você poderá ajudá-lo a chegar à decisão mais adequada se fornecer informações úteis.

- **Atenção com a linguagem corporal.** Ao falar com o chefe, mantenha uma postura alerta e atenta. Se durante uma conversa ou reunião seu chefe perceber que você parece estar entediado ou desinteressado, a imagem que ele tem de você sofrerá um duro golpe.

Aprenda a lançar e posicionar um novo produto

Muitas das tarefas de O *Aprendiz* envolvem o lançamento e/ou o posicionamento de um novo produto no mercado. Para ser bem-sucedido nessa tarefa, tanto no programa quanto na vida, é necessário antes de tudo conhecer bem o mercado para o qual o novo produto se destina.

Esse conhecimento é importantíssimo na hora de elaborar a estratégia de lançamento, mas está longe de ser o único ingrediente para o sucesso. Fatores intangíveis como a intuição e o feeling também desempenham um papel fundamental nesse processo. Portanto, não deixe de considerar os seguintes aspectos:

- **Acreditar no produto.** Antes de convencer quem irá comprar, o produto deverá convencer quem irá vendê-lo.
- **Estabelecer objetivos de marketing.** Defina com clareza as metas que devem ser alcançadas para que o produto possa ser considerado um sucesso.
- **Conhecer o público consumidor.** Não há como criar uma estratégia de marketing vencedora sem saber

exatamente para quem esse marketing será dirigido e quais são os hábitos, gostos, preferências e expectativas desse público.

- **Estudar a concorrência.** É preciso saber com quem você irá competir. Pesquise produtos similares existentes no mercado e analise seus pontos fortes e fracos. Isso lhe mostrará quais são as vantagens de seu produto, o que o torna melhor ou diferente dos demais. São esses aspectos que direcionarão toda a campanha de marketing.
- **Descobrir como se destacar.** Em um mercado extremamente competitivo, não basta que o seu produto seja o melhor. É preciso que todos saibam que seu produto é o melhor. Uma estratégia de marketing equivocada pode enterrar até mesmo as ideias mais brilhantes.
- **Estabelecer o preço certo.** Por quanto seu produto deve ser vendido para dar lucro? Qual é o lucro esperado? Esse valor se encaixa no perfil socioeconômico do público-alvo? Respostas a essas questões são cruciais para determinar a viabilidade do novo produto e evitar prejuízos.

Saiba como portar-se em uma entrevista para emprego

Conforme comentei no Capítulo 5, no final da primeira temporada de *O Aprendiz* restaram quatro candidatos. Todos haviam se destacado na realização das tarefas propostas pelo reality show, e agora tinha chegado a hora de passarem por uma série de entrevistas conduzidas por membros do staff da Trump Organization. Com base em suas performances durante as entrevistas, dois candidatos foram eliminados e os outros dois ficaram para disputar a prova final. Ou seja, mesmo em um reality show que prioriza tarefas nas quais os participantes demonstram na prática suas habilidades, as entrevistas tiveram papel decisivo na etapa final. Assim, quando você tiver de passar por uma entrevista para emprego, lembre-se de:

- **Informar-se sobre o empregador.** Certamente você ouvirá perguntas sobre os produtos da empresa, ou sobre o tipo de contribuição que você poderia dar caso obtivesse o emprego, ou por que você gostaria de trabalhar lá. A única forma de evitar respostas vagas e genéricas é ter de antemão informações sobre a empresa.
- **Ressaltar seus pontos fortes e preparar-se para falar dos pontos fracos.** É claro que seu principal interesse durante uma entrevista é destacar suas qualidades. Contudo, perguntas sobre seus pontos fracos com certeza virão. Pense com antecedência em como respondê-las da melhor forma possível.
- **Esperar o inesperado.** Os entrevistadores podem não se limitar a fazer perguntas. Eles talvez o convidem a participar de uma dinâmica de grupo, peçam um teste escrito ou solicitem que você avalie algum aspecto da empresa. Considere essas possibilidades para não ser pego desprevenido.
- **Melhor ser formal do que informal demais.** Alguns entrevistadores tentam dar um tom mais descontraído à entrevista, para quebrar o gelo. Mas isso não quer dizer que você pode agir como se estivesse em casa, conversando com amigos. Formalidade não significa mostrar-se rígido e tenso. Significa apenas portar-se de acordo com a

ocasião e não descuidar de sua linguagem, tanto a verbal quanto a corporal. Por mais amigável que o entrevistador possa parecer, lembre-se de que você está sob escrutínio o tempo todo.

- **Sempre alerta.** O lema dos escoteiros também vale para as entrevistas de emprego. Ouça as perguntas com atenção e seja objetivo em suas respostas.
- **Mostrar-se confiante.** A autoconfiança é uma qualidade que os entrevistadores sempre procuram nos entrevistados. Nem mesmo um currículo brilhante irá ajudar um candidato que passar uma imagem insegura e hesitante.

A escola da vida: a sala de aula do empreendedor

No final da primeira temporada de O *Aprendiz* americano, a decisão ficou entre dois candidatos: um deles, Kwame, tinha uma brilhante formação acadêmica. O outro, Bill, destacou-se principalmente por sua desenvoltura ao lidar com as questões práticas. Os dois haviam se saído muito bem durante a competição, a ponto de superarem todos os demais candidatos. O segundo finalista, porém, derrotou o primeiro e sagrou-se vencedor. Por que isso aconteceu?

O professor de pós-graduação em Empreendedorismo da Faap César Adames tratou dessa questão em um artigo sobre o programa publicado na edição número 161 da revista *Qualimetria*. Segundo Adames,

> Enquanto Kwame vem de uma escola tradicional que prioriza o conhecimento adquirido na base dos livros, cursos e treinamentos, Bill foi formado na escola do

> mundo empresarial, onde viveu erros e acertos aos quais todo empreendedor está sujeito, mesmo tendo cursado uma boa faculdade. A lição que fica de O *Aprendiz* é que o mercado de trabalho está interessado sempre no algo mais que cada candidato pode apresentar individualmente.

E o que seria esse algo mais? A intuição, o senso de oportunidade, o entusiasmo motivador, o equilíbrio, a visão, o desejo de aprender, enfim, tudo o que caracteriza o genuíno espírito empreendedor e que transforma alguém em um verdadeiro mestre na arte de vender uma ideia em três minutos.

Entre os dezesseis candidatos iniciais do programa, havia muitos que ostentavam diplomas e títulos obtidos em algumas das mais prestigiadas instituições acadêmicas do mundo. Embora esse currículo tivesse pesado na hora em que essas dezesseis pessoas foram selecionadas – em meio a centenas de milhares de inscritos – para participar do programa, no final, não foi isso que fez a diferença. Ganhou quem foi capaz de mostrar, na prática, o jogo de cintura, o traquejo e as qualidades de liderança necessários não apenas para sair-se bem nas tarefas propostas pelo reality show, mas também nas exigências reais para ocupar uma posição de chefia em uma das empresas da Trump Organization, ou em qualquer outra empresa.

Não menosprezo de forma alguma o valor da formação acadêmica. Mas questiono a excessiva importância dada a diplomas e títulos. É possível alcançar o sucesso nos negócios aliando o conhecimento adquirido nos bancos das faculdades à capacidade empreendedora. O inverso, contudo, é impossível. Ninguém se torna um empresário bem-sucedido se tiver um vasto currículo acadêmico mas não demonstrar nenhum espírito empreendedor. Normalmente, pessoas assim precisam se aliar a gênios dos negócios para prosperarem. É o caso daqueles cérebros brilhantes que precisam de um bom empreendedor para vender suas ideias. Do contrário, por mais fantásticas que sejam suas criações, correriam o sério risco de morrer de fome por não saberem como vendê-las.

Comecei duas faculdades e abandonei ambas, pois os negócios com os quais estava envolvido na época consumiam todo o meu tempo e energia. Não posso dizer que me arrependo. Tenho sempre encontrado formas de aprender e de investir na aquisição do conhecimento – afinal, quem não se atualiza é rapidamente superado –, porém nunca às custas de desistir de implantar uma ideia ou de abandonar um negócio em formação. Do contrário, como poderia aprender o que só a prática ensina?

Cedo na vida, percebi que o verdadeiro empreendedorismo só se aprende empreendendo, ou seja, correndo riscos, partindo para a ação. Ainda criança, vendia gibis usados na porta do prédio onde morava. Aos 16 anos, era responsável pela equipe de som das festas da minha turma, e reinvestia o dinheiro que ganhava em novos equipamentos e discos. Nessa época, não deixei passar batida uma oportunidade de negócio que percebi na escola onde estudava. Meus amigos costumavam passar as férias nos Estados Unidos e traziam videogame e videocassete, que não vinham transcodificados. Imediatamente, passei a representar uma empresa que fazia o serviço de transcodificação e ganhava comissões cada vez que um amigo se tornava cliente. Essas iniciativas precoces funcionaram como um treinamento para mim – foram minha alfabetização na escola do empreendedor. Ter ideias e buscar oportunidades e meios para transformá-las em negócios passou a ser, para mim, algo tão natural quanto respirar. Assim, quando alguns anos depois me deparei com aquela reportagem sobre a Elite Models na *Photo Magazine*, não fiquei fantasiando sobre as possibilidades que isso poderia significar para mim; simplesmente visualizei uma realidade e tratei de construí-la.

O fato é que somos todos aprendizes de um reality show chamado vida. As situações flagradas pelas câmeras do programa não diferem muito das que enfrentamos em nosso dia a dia: a necessidade de superar obstáculos; de vender uma ideia em três minutos; de se destacar em meio à multidão; de lidar com pessoas com as mais variadas personalidades, atitudes, comportamentos e mentalidades; de buscar pela cooperação mesmo nos ambientes mais adversos; de manter-se íntegro e motivado apesar da oposição dos “reis Sadim” que surgem a cada passo do caminho; de aprender com os erros e dar a volta por cima; de acreditar quando ninguém mais acredita; e por aí afora. O prêmio pode ser um emprego de US$ 250 mil ou o trabalho que você tanto deseja, uma promoção, o reconhecimento profissional, um consultório cheio de clientes, um negócio concretizado, uma venda fechada, uma empresa próspera ou a implantação de um projeto que beneficie os necessitados. Afinal, é você quem define a medida de seu sucesso.

CAPÍTULO 8

APRENDENDO COM OS MESTRES

Agora que você já está por dentro de toda a parte teórica que envolve a venda de uma ideia em três minutos, está na hora de ver como isso funciona na prática. Essas são as histórias de pessoas que venceram porque souberam transformar seus sonhos em realidade. Movidas por uma profunda convicção interior, elas seguiram sua intuição, superaram obstáculos e fizeram com que suas ideias ganhassem vida, sob a forma de negócios de sucesso ou de iniciativas sociais que estão mudando para melhor a sociedade em que vivemos.

Por isso reuni as histórias que você lerá a seguir, nas quais encontramos as características que definem um empreendedor. A saber:

- **É guiado por sua visão.** O empreendedor não vê a realidade apenas como ela é, mas como poderia ou deveria ser. Essa visão é tão poderosa que ele nunca a perde de vista, e não descansa enquanto não a transformar em realidade concreta.

- **Tem senso de oportunidade.** Antenado com tudo que, direta ou indiretamente, diga respeito à sua visão, o empreendedor está sempre descobrindo, avaliando e explorando oportunidades. Com frequência, ele cria oportunidades onde elas parecem não existir.

- **Alia a intuição à experiência.** Por meio de um processo que é parte inconsciente, parte consciente, o empreendedor combina intuição e experiência para avaliar o potencial de suas ideias, calcular riscos, prever desdobramentos, antecipar possíveis obstáculos e traçar sua estratégia de ação.
- **É um realizador.** O empreendedor é movido por uma imperiosa necessidade de construir e de realizar. A sensação de "já ter feito tudo o que tinha de fazer" é incompatível com seu espírito criativo e o leva a procurar novos nichos para serem explorados e novas oportunidades de crescimento. Às vezes, pode levá-lo até mesmo a deixar para trás um negócio de sucesso para perseguir novas ideias.
- **É motivador.** O entusiasmo, a convicção e a força com que o empreendedor acredita em sua visão são contagiantes e capazes de motivar sócios, parceiros, investidores, colaboradores, funcionários, pessoas que o conhecem e, muitas vezes, pessoas que acabaram de conhecê-lo.
- **É persistente.** Para o empreendedor, obstáculos são desafios, e fracassos são estímulos para aprender com os erros e tentar outra vez. Quem desiste ante a primeira, ou a segunda, ou a terceira dificuldade é porque ainda não despertou seu espírito empreendedor.
- **É negociador.** Não se deve confundir a persistência do empreendedor com teimosia cega. Ele sabe lutar por suas ideias, mas também sabe ceder quando necessário,

para atingir um objetivo maior. Sua elevada inteligência social faz dele um mestre nas negociações.

- **É desbravador.** O fato de que alguma coisa nunca foi feita antes não desestimula o empreendedor. Ao contrário, é um estímulo para que ele tente o que ainda não foi tentado. O empreendedor é um inovador por excelência.
- **Gera prosperidade.** A ação empreendedora gera o progresso econômico, não só para quem empreende, mas também para a sociedade e o país. No caso do empreendedor social, suas ações geram benefícios diretos e melhora da qualidade de vida das parcelas menos favorecidas da população.

Especialistas em transformar ideias em realidade

ANTONIO ERMÍRIO DE MORAES

(Membro do Conselho Administrativo do Grupo Votorantim)

Antonio Ermírio de Moraes representa a terceira geração da família no comando da empresa criada por seu avô, o imigrante português Antonio Pereira Inácio, e ampliada nos anos seguintes por seu pai, o senador José Ermírio de Moraes. Situado entre os maiores conglomerados do país, o Votorantim é formado por empresas que são líderes ou que têm atuação de destaque em áreas que vão da produção de cimento, aço e papel até produtos químicos e suco de laranja, estando presentes também no setor financeiro, de biotecnologia e de tecnologia da informação. Porém, para Antonio Ermírio o sucesso não chegou de bandeja. Em 1945, quando foi estudar engenharia nos Estados Unidos, o herdeiro viveu por quatro anos em um quarto de pensão, comendo sanduíches, para economizar. Ao voltar ao Brasil, ouviu do pai a advertência de que o trabalho que o esperava nas empresas da família era apenas um teste. "Se não der certo, não vou contratá-lo", disse-lhe José Ermírio. Mas ele mostrou-se à altura do desafio. Em seis anos, fundou sua própria firma, a Companhia Brasileira de Alumínio. Em

1962, Antonio Ermírio assumiu o controle de todas as empresas, e o Votorantim não parou de crescer, inaugurando fábricas de cimento, zinco e níquel. O grupo, que emprega 25 mil funcionários, registrou R$ 27 bilhões de ativos em 2002. Em seus mais de cinquenta anos no Votorantim, Antonio Ermírio quase nunca tirou férias, e começa a trabalhar religiosamente às sete horas da manhã. Discreto e disciplinado, pouco afeito à vida de luxos comum a pessoas de sua posição, Antonio Ermírio costuma dizer: "O dia que alguém me ver dirigindo uma Ferrari, pode me colocar na camisa de força e mandar para o hospício, porque terei enlouquecido. Num país como o nosso, não se pode andar num carro desses por questão de status. O status tem de vir da inteligência".

Fontes: http://www.terra.com.br/istoe/biblioteca/brasileiro/empreendedor/emp5.htm; www.votorantim.com

AMILCARE DALLEVO JR.

(Presidente da Rede TV!)

Órfão de pai, aos 14 anos Amilcare Dallevo Jr. encontrou-se na situação de ter de trabalhar para ajudar a família. Seu primeiro emprego foi uma função que hoje está extinta, a de perfurador de cartões de computador. Anos depois, formou-se em engenharia elétrica e começou a trabalhar no setor de automação bancária do Itaú. Saiu-se tão bem que, no prazo de um ano e meio, foi contratado pelo Citibank para cuidar da gerência de telecomunicações. Mas, aos 27 anos, largou tudo isso para trabalhar numa diminuta sala onde funcionava a sede de sua primeira empresa, a Tecnet. Seu grande trunfo foi desenvolver um sistema pioneiro na época, que permitia a emissão de contas de telefone por ramais, facilitando o gerenciamento das despesas telefônicas das empresas. Em apenas dois anos, sua lista de clientes incluía empresas como Embratel, Grupo Ultra e os bancos Itaú e Citibank, nos quais começara a carreira. A modesta salinha transformou-se em uma sede própria em um prédio de cinco andares.

A grande tacada de Dallevo foi a criação de um sistema por meio do qual o público poderia interagir com os programas de televisão, em tempo real, via telefone (o 0900). O sistema estreou em 1993, quando, pela primeira vez, a audiência podia assistir ao desfile das escolas de samba cariocas e votar em suas preferidas durante os desfiles. O sucesso foi tão grande que Dallevo abriu outra empresa, a Tecplan, e passou a fornecer sua tecnologia para diversas emissoras de televisão – a Rede Globo, por exemplo, a utilizou para viabilizar as votações do público no extinto programa *Você Decide*, sucesso de audiência na época. Com o capital acumulado por essas iniciativas, Dallevo deu o passo seguinte, a compra de cinco concessões da TV Manchete, em parceria com seu sócio Marcelo Carvalho Fragali. Surgiu assim a Rede TV!, que fez de Dallevo e de Fragali os mais novos membros do seleto time dos grandes empresários da televisão brasileira.

Fonte: http://www.terra.com.br/istoegente/01/reportagens/dallevo.htm

DONALD J. TRUMP

(Fundador e presidente da Trump Organization)

Determinação, arrojo e ousadia são palavras que sempre surgem quando o assunto é Donald Trump. Empreendedor imobiliário cujos prédios se tornaram marcos na paisagem nova-iorquina, Trump já enfrentou alguns reveses – no pior deles, no início dos anos 90, tinha uma dívida acumulada de US$ 9,2 bilhões, mas conseguiu negociar com os bancos e dar a volta por cima. Sua fortuna pessoal é estimada em US$ 5 bilhões, e seu reality show, O *Aprendiz*, está entre os programas mais assistidos da televisão americana. É o próprio Trump que conta o início de sua trajetória nesse depoimento extraído de meu livro *PDI – O Poder das Ideias.*

"Queria ter sucesso, mas à minha maneira. Meu pai fora bem-sucedido no setor imobiliário, e eu queria triunfar pelo meu esforço. Como sempre adorei a beleza na construção, essa foi minha escolha lógica. O primeiro negócio que empreendi foi a compra de um hotel falido. Ninguém estava disposto a me dar apoio e muito menos crédito, mas o projeto acabou por resultar num grande sucesso. Embora estivesse falido, o Commodore Hotel tinha muito boa localização, ao lado da Grand Central Station. O hotel estava realmente em péssimo estado; aliás, toda aquela área estava em situação de abandono naquela época. Havia potencial naquilo, mas o risco também era muito grande. Bem, encurtando a história: eu queria um edifício fantástico mesmo, por isso procurei um arquiteto com um talento formidável, Der Scutt, que logo ficou tão empolgado quanto eu com a ideia de um novo hotel. O Grand Hyatt Hotel, que você vê hoje ao lado da Grand Central, reflete a própria estação, o Edifício Chrysler e todos os outros marcos de referência que talvez passariam despercebidos sem ele. Quase todos os críticos e preservacionistas, que detestaram a concepção original, hoje a defendem com entusiasmo. Em certo momento, me defrontei com vários empecilhos e reveses, mas sou um sujeito muito obstinado. É preciso ser assim para ter sucesso e também para superar obstáculos e adversidades. Eu vi aquilo como uma situação passageira e me assegurei de que seria apenas um pequeno percalço na minha grande caminhada."

Fonte: Bellino, Ricardo. *PDI – O Poder das Ideias. Como Transformar Ideias em Tacadas de Sucesso.* Rio de Janeiro: Elsevier, 2003.

JOHN CASABLANCAS

(Fundador da Elite Models)

John Casablancas tornou-se uma lenda no glamoroso mundo da moda. Fundador da Elite, que foi, em seus tempos áureos, a maior agência de modelos do mundo, ele aliou seu talento empresarial a um apurado senso estético para descobrir e lançar para a fama algumas das maiores top models de todos os tempos – Cindy Crawford, Naomi Campbell, Linda Evangelista e Gisele Bündchen são apenas alguns dos nomes dessa lista. Levando o mundo das modelos a um novo patamar, foi ele o criador do conceito de supermodel. Durante vinte anos, Casablancas foi o agente de modelos número 1 do mundo. Depois, decidiu vender sua parte no negócio e, devido ao contrato que assinou, teve de ficar cinco anos sem atuar nessa área. Mas esse prazo chegou ao fim, e, agora, John Casablancas está se preparando para investir em novos projetos e lançar sua biografia.

Fonte: Bellino, Ricardo. *PDI – O Poder das Ideias. Como Transformar Ideias em Tacadas de Sucesso.* Rio de Janeiro: Elsevier, 2003.

JORGE GERDAU JOHANNPETER

(Presidente do Grupo Gerdau)

Não foi sem motivo que Jorge Gerdau Johannpeter ganhou a alcunha de "o homem do aço". Proprietário de dezesseis siderúrgicas que faturam R$ 2,27 bilhões por ano, ele produz 6,6 milhões de toneladas de aço no Brasil e em outros quatro países. Essa história teve início no começo do século 20, quando uma família de origem alemã abriu em Porto Alegre (RS) uma fábrica de pregos. O negócio ia bem até que, com o advento da Segunda Guerra Mundial, tornou-se difícil encontrar a matéria-prima necessária para a produção dos pregos. Foi então que Curt Johannpeter, pai de Jorge, deu um passo audacioso: em vez de tentar encontrar a escassa matéria-prima, ele iria fabricá-la. Assim, vendeu propriedades da família e reuniu o dinheiro necessário para comprar a Siderúrgica Riograndense. Seu filho Jorge começou por baixo – e muito cedo. Aos 14 anos, já trabalhava na fábrica, operando as máquinas de produzir pregos. Mais tarde, passou a estudar contabilidade à noite enquanto trabalhava no escritório da empresa durante o dia. Nos anos sessenta, ao lado do pai, coordenou o processo de crescimento da empresa, que adquiriu várias outras companhias e fábricas e ultrapassou as fronteiras estaduais – e, depois, as fronteiras nacionais. Progressivamente, Jorge passou por todas as áreas do grupo até assumir sua presidência, em 1983. Hoje o Grupo Gerdau ocupa a 35ª posição no ranking mundial de siderurgia. "Sou um ser competitivo e fanático pela qualidade", diz Jorge. A busca pela qualidade se manifesta não apenas em sua forma de conduzir os negócios, mas também em suas iniciativas de empreendedorismo social. Ele lidera a Associação Qualidade

RS, que tem como objetivo agregar eficiência a instituições gaúchas públicas e privadas. Em uma de suas ações, a Associação conseguiu reduzir o tempo de espera para atendimento na Santa Casa de Misericórdia de Porto Alegre de oito horas para apenas treze minutos.

Fonte: http://www.terra.com.br/istoe/biblioteca/brasileiro/empreendedor/emp11.htm

JOSÉ ALENCAR GOMES DA SILVA

(Fundador da Coteminas e vice-presidente da República no governo Lula)

Nascido em uma família modesta, José Alencar era um dos 15 filhos da família Silva. Com sete anos de idade, já trabalhava atrás do balcão da loja do pai, num povoado chamado Itamuri, no município de Muriaé, em Minas Gerais. Aos 14 anos, achou que era hora de partir em busca de novas perspectivas e foi trabalhar no comércio de Muriaé. O salário era tão minguado que não lhe permitia alugar um quarto. Em vez disso, dormia em um catre, no corredor de um hotel. Mudou-se para Caratinga, também em Minas, e continuou trabalhando no comércio, até que, aos 18 anos, seu irmão mais velho emprestou-lhe dinheiro para que abrisse seu próprio negócio, uma loja de tecidos. José Alencar não mediu esforços para ver sua empresa prosperar. A fim de economizar, passou a dormir atrás das prateleiras da loja, em uma cama improvisada com caixotes e um colchão de feno. Decidiu que iria retirar o mínimo possível dos lucros da loja para suas despesas pessoais, e assim o fez: a quantia mensal que gastava consigo próprio era tão reduzida que correspondia à metade do magro salário que ganhava quando era empregado. Todo o resto era reinvestido em sua loja. Hábil negociador, costumava dizer: "Negociar não tira pedaço. Regateie o quanto puder". Tempos depois, vendeu sua loja e obteve capital para criar o que viria a ser a Coteminas – Companhia de Tecidos do Norte de Minas.

José Alencar tornou-se senador e vice-presidente da República. Empreendedor como o pai, seu filho, Josué Christiano Gomes da Silva, assumiu o cargo de diretor financeiro da

Coteminas em 1992, aos 29 anos. Nessa época, a empresa tinha três fábricas, produzia oito mil toneladas de tecido e seu faturamento anual era de R$ 60 milhões. Hoje a Coteminas possui onze fábricas, produz 110 mil toneladas de tecido, fatura anualmente algo em torno de R$ 1 bilhão e é dona das marcas Artex, Calfat, Santista, Garcia, Attitude e Jamm.

Fonte: Brito, Francisco; Wever, Luiz. *Empreendedores Brasileiros* (Vol. 1 e 2). Rio de Janeiro: Elsevier, 2003/2004.

KIRK KERKORIAN

(Dealmaker e ex-CEO da MGM)

O nome do bilionário Kirk Kerkorian sempre é seguido pelo título de "pai" dos mega-hotéis-cassinos de Las Vegas. Foi um longo caminho para um descendente de armênios que aos 9 anos de idade vendia jornais para ajudar a família. Na juventude, suas ocupações incluíram a de lutador de boxe e piloto da força aérea. O contato com a aviação o inspirou a partir para seu primeiro negócio próprio. Nos anos 40, ele comprou um avião com o dinheiro que economizara como piloto. Seu primeiro cliente foi um comerciante que alugava o avião para voar de Los Angeles a Las Vegas. A capital do jogo causou uma impressão muito forte em Kerkorian. Quando mais tarde o negócio evoluiu para uma empresa de voos charter, Kerkorian abriu o capital da companhia e, com os dividendos que acumulou, decidiu investir em Las Vegas. Suas primeiras iniciativas foram a compra e venda de terrenos na cidade. Após algum tempo, já estava suficientemente capitalizado para construir seu primeiro hotel-cassino de acordo com uma ideia na qual ninguém acreditava na época, a de que os hotéis de Las Vegas poderiam se transformar em gigantescos resorts para férias familiares. Muita gente lhe disse que isso não daria certo. Mas Kerkorian não desistiu. "Você tem que fazer um monte de perguntas e ouvir as pessoas. Mas, no final, tem que se guiar por seus próprios instintos", comentaria mais tarde o bilionário. Paralelamente a seus investimentos em Las Vegas, Kerkorian começou a voltar suas atenções para a indústria cinematográfica. Sob seu controle, os estúdios da MGM passaram por reestruturações, fusões, vendas e revendas, tornando-se um conglomerado com ramificações também na área de hotelaria. Ao ser inaugurado, em 1973, em Las Vegas, o MGM Grand era, na época, o maior hotel do mundo. Sete anos depois, o hotel pegou fogo, mas Kerkorian não perdeu tempo: em apenas oito meses ele reconstruiu e reabriu o MGM Grand. E em 1986, vendeu os hotéis MGM em um negócio de meio bilhão de dólares. O atual MGM Grand, que foi aberto em 1993, tem cinco mil quartos e um parque temático tão grande quanto o da Disneylândia na época de sua inauguração, nos anos cinquenta.

Fontes: http://www.1st100.com/part3/kerkorian.html; http://www.armeniapedia.org/index.php?title=Kirk_Kerkorian

LAÉRCIO COSENTINO

(Fundador e presidente da Microsiga Software)

Aos 23 anos, Laércio Cosentino era um jovem engenheiro que atuava como estagiário em uma empresa chamada Siga, especializada no desenvolvimento de programas para mainframe, quando uma ideia genial lhe ocorreu: por que não desenvolver os mesmos programas para PCs? Essa história é mais um exemplo do poder das ideias. Graças à sua iniciativa, mesmo sem dispor de capital algum, Laércio acabou tornando-se sócio de seu chefe, Ernesto Habekorn. A Siga foi rebatizada de Microsiga e enfrentou sua prova de fogo ao estrear no mercado que, além de ser altamente competitivo, também está sujeito à competição desleal da pirataria. Mas os desafios foram superados com sucesso. A Microsiga é hoje líder no mercado de software para pequenas e médias empresas. Com dois mil empregados e 60 escritórios, apresenta um faturamento anual de R$ 190 milhões. Parte do sucesso de Cosentino baseia-se em um princípio fundamental: a valorização dos funcionários. Além de pagar bons salários, o empresário faz questão de manter um contato pessoal com sua equipe. "O sucesso de uma empresa é o sucesso de um grupo", diz ele. Graças a essa filosofia, trabalhar na Microsiga tornou-se um objetivo para os profissionais de tecnologia, o que permite à empresa reter alguns dos melhores talentos do mercado. Ao falar das lições que aprendeu em sua trajetória de empreendedor, Cosentino comenta: "O erro mais comum que um empreendedor comete é não ceder o controle de algum aspecto do negócio quando não tem a competência para desenvolvê-lo. Os estrategistas e os visionários nem sempre são os melhores no dia a dia da operação. É uma das coisas mais difíceis de fazer, mas é preciso reconhecer as próprias fraquezas".

Fontes: http://www.professorcezar.adm.br/Textos/CincoLicoesdeEmpreendedorismo; http://www.empreendedordoano.com.br/2003/2_2_2000_hall.php

LÍRIO PARISOTTO

(Fundador e presidente da Videolar)

Em 1988, uma empresa chamada Videolar revolucionou o mercado de fabricação de fitas de videocassete (VHS). Por trás desse sucesso, estava Lírio Parisotto, ex-proprietário de uma modesta videolocadora que, no comando da Videolar, teve sua trajetória reconhecida ao receber o prêmio "Empreendedor do Ano de 2002" na categoria Master Of Business – o maior evento de empreendedorismo do mundo, promovido internacionalmente pela Ernest & Young. Tudo começou nos anos 70, quando Parisotto viajou para Nova York e viu, pela primeira vez, um aparelho de videocassete. Deslumbrado com a possibilidade de assistir em casa a filmes escolhidos, além de gravar e regravar imagens sem necessidade da revelação, não desperdiçou a oportunidade que se apresentou quando, de volta a Caxias do Sul (RS), um cliente para o qual vendia toca-fitas em consignação entrou em dificuldades e lhe propôs que comprasse sua empresa, usando a dívida como parte do pagamento. Parisotto concordou e foi assim que abriu o primeiro videoclube do estado, onde também eram vendidos aparelhos de som e outros produtos eletrônicos. Parisotto, que havia se formado em medicina, acabou desistindo de clinicar para dedicar-se de corpo e alma ao novo negócio. Em 1985, durante uma viagem a Tóquio, a convite da Sony, conheceu o laboratório de legendagem e gravação de fitas de videocassete. Naquele momento, sua intuição lhe mostrou que ele estava diante de uma oportunidade única. Chamou-lhe a atenção o fato de que as fitas eram bobinadas sob medida para posterior gravação, ou seja, no tempo de duração exato do filme, sem desperdício, ao contrário do que se fazia no Brasil. De volta ao país, vendeu a loja de eletroeletrônicos e tratou de produzir as novas fitas. Em pouco tempo, lançava no mercado um produto inédito: fitas pré-gravadas, sob medida para distribuidoras e outras clientes. Em 1990, Parisotto transferiu sua fábrica para São Paulo e abriu outra em Manaus. Rapidamente, a empresa ampliou sua área de atuação, que hoje se estende desde a fabricação do poliestireno, matéria-prima básica de seus produtos e de inúmeros outros, até a entrega da mídia gravada (fitas de videocassete, DVDs e CDs) na porta do cliente. "A fundação da Videolar tem um elo em comum com a história de outros empreendedores, em especial num país como o Brasil, ainda repleto de oportunidades para se montar um negócio a partir de uma boa ideia, profissão ou nicho de mercado. Além disto, são 10% de inspiração e 90% de transpiração", disse Parisotto.

Fonte: www.videolar.com.br

LUIZ SEABRA

(Fundador da Natura)

Em meio a uma conversa com sua irmã, Luiz Seabra teve uma intuição que iria mudar sua vida. A conversa ocorreu na infância, quando, aos 12 anos, Seabra ouviu a irmã dizer que seu sonho era ser esteticista e dedicar-se aos cuidados com a pele. "Ela falando, e eu tive um pensamento como se tivesse saído do coração, uma intuição. Disse: 'Eu vou produzir estes produtos que as pessoas vão usar'", recorda-se Seabra. Mas um longo tempo se passou até que pudesse concretizar aquela intuição da infância.

Tendo de pegar no batente desde os 15 anos, Seabra conseguiu formar-se em economia e passou a trabalhar na divisão de barbeadores de uma multinacional. Como não tinha experiência no assunto, passou a ler tudo que podia sobre a pele, com o objetivo de poder sugerir melhorias para os produtos. Contudo, a divisão de barbeadores acabou fechando, e Seabra, que já não se sentia muito satisfeito na empresa, decidiu que não continuaria lá. Foi então que a vida colocou à sua frente uma oportunidade que o levaria a realizar seu antigo sonho de infância. Ao ser apresentado casualmente ao proprietário de um pequeno laboratório de cosméticos, Seabra recebeu um convite para gerenciar o empreendimento. Aceitou, mas isso não foi suficiente para contentá-lo. Uma das coisas que o incomodavam era a visão estereotipada que a beleza e os cosméticos tinham na época. Seu desejo era desenvolver uma linha de produtos que apelasse para a autoestima das pessoas, e não para a vaidade, e que contribuíssem para criar uma nova consciência da relação entre corpo e mente. A sociedade com Jean

Pierre Berjeaut, filho do proprietário do laboratório no qual Seabra trabalhava, levou à fundação da Jeberjeaut Indústria e Comércio de Cosméticos Ltda., que, quatro meses depois, teve seu nome mudado para Natura. O recém-nascido laboratório funcionava numa espécie de galpão, e todo o seu capital era equivalente ao valor de um fusca. Nos primeiros cinco anos, as dificuldades foram tantas que até mesmo seu sócio pensou em desistir do negócio. Mas Seabra nunca perdeu o entusiasmo. A Natura sobreviveu a recessões, crises econômicas, inflação, reforma societária e muito mais, até chegar ao ano 2000 com um quadro de 3.100 funcionários e cerca de 300 mil consultoras (ou vendedoras) espalhadas pelo país, tornando-se a maior empresa nacional de cosméticos e destacando-se também por seu pioneirismo no que diz respeito às ações de cunho social e de preservação do meio ambiente.

Fonte: Brito, Francisco; Wever, Luiz. *Empreendedores Brasileiros* (Vol. 1 e 2). Rio de Janeiro: Elsevier, 2003/2004.

MARCO AURÉLIO GARIB

(Fundador da EverSystems)

No início dos anos 90, a popularização dos caixas eletrônicos e dos cartões magnéticos não passou despercebida a um empreendedor à procura de uma boa oportunidade. O engenheiro eletrônico Marco Aurélio Garib acreditou que esse mercado era promissor e se dispôs a correr riscos. Largou um emprego seguro e fundou uma empresa, a EverSystems, que acabaria revolucionando o setor de home-banking, viabilizando a realização de transações financeiras pelo computador. Uma das primeiras missões da empresa foi desenvolver e implantar um sistema de homebanking para o Unibanco, em 1991. O sucesso foi imediato: em apenas três meses, o sistema conquistou dez mil clientes. Em 1993, a EverSystems passou a oferecer soluções wireless (sem fio), como o envio de informações financeiras seguras por pager. Seis anos depois, Garib inovou outra vez – agora em nível mundial – ao criar o e-mail banking. Mais inovações estavam a caminho, como o desenvolvimento do sistema *mobile payments*, que permite efetuar pagamentos com o celular. Em quatorze anos, a visão empreendedora de Garib elevou a EverSystems a uma posição invejável. A empresa detém hoje 80% do mercado de home-banking da América Latina, apresentando uma base instalada com mais de 2,5 milhões de usuários finais. Em meio a tantos sucessos, há mais um que merece ser contado. Antes que o Citibank assinasse com Garib um contrato de implantação do *internet banking* em suas filiais latino-americanas, a Agência Nacional de Segurança dos Estados Unidos e o FBI fizeram uma varredura no sistema criado pelo engenheiro brasileiro para testar sua segurança e confiabilidade. O sistema de Garib passou com louvores na prova, e o negócio foi fechado.

Fontes: http://inventabrasilnet.t5.com.br/eversys.htm; http://empreendedordoano.com.br

MICHAEL DELL

(Fundador e presidente do Conselho de Diretores da Dell Computers)

Em 1984, um jovem de 19 anos resolveu apostar tudo em uma ideia inovadora: a criação de uma empresa que vendesse produtos e serviços de informática diretamente aos consumidores, eliminando os intermediários. Tudo, no caso, eram os mil dólares que ele conseguiu juntar e todo o seu esforço e criatividade. Em apenas quinze anos, os mil dólares multiplicaram-se de forma vertiginosa. Sua empresa, a Dell Computers, tornou-se uma das maiores vendedoras de computadores pessoais do mundo, com 33 mil empregados e escritórios em 34 países. De acordo com o *The Wall Street Journal*, a Dell é a empresa número um em termos de retorno financeiro aos investidores, tendo sido apontada pela revista *Fortune* como a companhia mais admirada pelos americanos. Hoje a empresa criada por um garoto que acreditou em sua ideia ocupa a posição número 56 no ranking das 500 maiores empresas elaborado pela *Fortune*. E como se isso não bastasse, é a única companhia da lista cuja receita tem apresentado crescimento anual superior a 40% por três anos consecutivos. Com o objetivo de fomentar o empreendedorismo, Michael Dell fundou a EO (Entrepreneurs' Organization), organização sem fins lucrativos cuja missão é educar e encorajar empreendedores de todo o mundo por meio de uma rede de apoio mútuo. O espírito empreendedor que norteia suas ações é resumido por Dell em uma frase: "Sempre há uma oportunidade para fazer a diferença".

Fontes: http://www.askmen.com/men/january00/8c_michael_dell.html; www.dell.com

ROLIM ADOLFO AMARO

(O comandante Rolim, ex-presidente da TAM)

O homem que deixou sua marca na história da aviação brasileira teve uma infância modesta no interior de São Paulo, morando com a família em uma casa de sapê sem luz nem banheiro. Aos 13 anos, Rolim Adolfo Amaro teve de abandonar a escola para trabalhar, e fez um pouco de tudo: foi ajudante de caminhoneiro, cortou madeira, carregou toras em uma serraria. Mas aos 17 anos achou que era hora de realizar seu grande sonho e tirar um brevê de piloto. Teve de fazer vários bicos no Aeroclube de Catanduva para poder custear o curso e vender tudo o que tinha para pagar pelo exame final. Com o brevê nas mãos, Rolim foi para Londrina e tentou empregar-se em uma empresa de táxis aéreos. Conseguiu emprego, mas não salário. Qualquer sacrifício era válido para ficar perto de seus amados aviões: limpava as aeronaves, comia sobras das refeições dos passageiros e dormia no hangar, usando jornais como cobertor. Seus esforços renderam resultados. Depois de algum tempo, Rolim foi contratado como piloto da Táxi Aéreo Marília (TAM). Contudo, como era o último piloto da escala, só teria chances de pular a lista se o cliente o solicitasse. Foi então que ele aprendeu uma lição sobre a importância de conquistar a clientela que o acompanharia por toda a vida. Um convite para voar no Araguaia o fez deixar o emprego e transferir-se com a família para essa região. Moraram em uma casa de tijolos com telhado de folhas de coqueiro, mas o sacrifício não foi em vão. Rolim conseguiu comprar seu primeiro avião e, apenas dois anos depois, já tinha uma frota de 15 aeronaves. E sua ascensão não mais parou. Rolim recebeu um convite para tornar-se sócio da TAM e assumir a direção da companhia. Suas iniciativas inovadoras e sua visão estratégica fizeram da TAM uma das mais bem-sucedidas empresas do país. Por ocasião de sua morte, em um acidente de helicóptero ocorrido em 2001, a TAM havia chegado à marca dos 13 milhões de passageiros transportados. Ao traçar as normas de conduta da empresa, Rolim incluiu uma regra que expressa muito bem seu espírito empreendedor: "Em busca do ótimo, não se faz o bom".

Fonte: www.tam.com.br

SAM WALTON

(Fundador da Wal-Mart)

Sam Walton é o exemplo clássico de um homem de visão. Apesar de ter formação universitária, foi a escola da vida que realmente o formou. Walton nasceu e cresceu numa comunidade rural no Missouri (EUA), empobrecida pela Depressão. Quando se preparava para entrar na vida adulta, outra grande crise eclodiu e ele teve de defender seu país, lutando na Segunda Guerra Mundial. Depois da guerra, Walton e sua esposa, Helen, obtiveram a franquia de uma loja da rede Ben-Franklin na cidade de Newport, Arkansas. Graças ao empenho do casal, a loja, que operava no vermelho, tornou-se uma das mais lucrativas do estado. Porém, de olho no sucesso da dupla, o proprietário da loja pediu-a de volta, e Walton e a esposa tiveram de se mudar para outra cidade e começar tudo de novo. Em Bentonville, também no Arkansas, o casal e o irmão de Walton, James, abriram uma pequena loja de variedades. Dez anos depois, já tinham 16 filiais. Homem à frente de seu tempo, Walton aplicou em suas lojas conceitos inovadores para a época, como o uso generoso dos descontos e o autosserviço. E demonstrou na prática que o empreendedor enxerga coisas que ninguém mais vê. Walton cansou-se de ouvir os outros lhe dizerem que o autosserviço jamais funcionaria, pois as pessoas estavam acostumadas a ser atendidas por balconistas, e não tinham o hábito de buscarem, sozinhas, os produtos nas prateleiras. Mas a história mostrou que Walton estava certo. A loja de Bentonville deu origem ao Wal-Mart, empresa que chegou ao ano 2000 com faturamento anual superior a US$ 100 bilhões e ostentando o título de maior empregadora dos Estados Unidos. Outra iniciativa de sucesso da Wal-Mart são as parcerias com instituições filantrópicas de cada comunidade na qual uma filial é instalada, visando beneficiar as populações locais. Ao listar as regras de ouro das pessoas bem-sucedidas, Walton escreveu: "Nade contra a correnteza. Vá pelo outro lado. Ignore a sabedoria convencional. (...) Acho que, em todos esses anos, o que mais ouvi foi: 'uma cidade com menos de 50 mil habitantes não pode manter uma loja de descontos por muito tempo'". O tempo mostrou quem tinha razão.

Fonte: Krass, Peter. *Os Gênios dos Negócios – A sabedoria e a experiência dos maiores executivos e empreendedores.* Rio de Janeiro: Elsevier, 2004.

VICTOR CIVITA

(Fundador do Grupo Abril)

Ousadia foi o que não faltou a um italiano radicado nos Estados Unidos chamado Victor Civita quando, em meados dos anos 40, seu irmão, César, apresentou-lhe uma arriscada proposta. César vivia na Argentina, onde havia fundado uma editora que recebera o nome de Abril e que obtivera da Disney os direitos para produzir e comercializar a revista do Pato Donald na América do Sul. Insatisfeito com a situação política da Argentina, César propôs ao irmão que se encarregasse de instalar a editora Abril no Brasil. Ao contrário de César, Victor nunca havia trabalhado na área editorial. Mas isso não o impediu de aceitar na mesma hora e mudar-se de mala e cuia para São Paulo. Foi ali que tudo começou, em uma pequena sala na rua Líbero Badaró. A ideia parecia ter tudo para dar errado. Victor não falava português nem conhecia o mercado local. Sua escolha de iniciar as atividades em São Paulo também foi criticada. Na época, diziam-lhe que a cidade era uma província que não tinha os jornalistas, os artistas gráficos e os recursos necessários para criar uma editora de sucesso. Porém, antecipando-se a todos, Victor acreditou no potencial do negócio e também da cidade. No dia 12 de julho de 1950, foi lançado o primeiro número de O *Pato Donald*. Em pouco tempo, a editora inaugurava sua primeira gráfica. E não parou de crescer. A Victor, nenhum detalhe passava despercebido. De madrugada, visitava a praça Antônio Prado, onde os jornaleiros reuniam-se para pegar os repartes dos jornais, e conversava com eles, pedindo-lhes que colocassem O *Pato Donald* em posições de destaque em suas bancas. Na década de 60, percebeu uma oportunidade embutida no desenvolvimento da indústria automobilística e lançou a revista *Quatro Rodas*. E atento às demandas de uma classe média em crescimento, decidiu lançar fascículos culturais, contrariando a opinião de seus diretores, segundo os quais o produto era sofisticado demais para o público brasileiro. Assim, a editora que Victor fundou no Brasil tornou-se o Grupo Abril, um dos maiores conglomerados de comunicação da América Latina, que hoje publica 150 títulos e atinge trinta milhões de leitores. Seu parque gráfico imprime cerca de 350 milhões de revistas por ano. Ao morrer, em 1990, Victor deixou as empresas do grupo para seus dois filhos. Mas fez questão de deixar o dinheiro de que dispunha em contas bancárias, ações e propriedades pessoais para a fundação que leva seu nome, criada com o objetivo de promover a educação.

Fonte: www.abril.com.br

VIVIANE SENNA

(Diretora e idealizadora do Instituto Ayrton Senna)

Duas tragédias marcaram a vida de Viviane Senna da Silva Lalli. A primeira foi a morte de seu irmão, o piloto e ídolo das pistas de Fórmula 1 Ayrton Senna, em 1994. Pouco tempo depois, Viviane perdeu seu marido em um acidente de motocicleta. Os infortúnios e sua abastada situação financeira poderiam tê-la levado a uma vida mais reclusa e sossegada. Viviane, porém, optou por um caminho diferente. Pouco antes de morrer, Senna lhe confidenciara seu desejo de fazer alguma coisa pelas crianças carentes do Brasil. E Viviane decidiu transformar em realidade o sonho que o irmão não teve tempo de realizar. Foi assim que, em 21 de março de 1995, surgiu o Instituto Ayrton Senna, cujo objetivo era direcionar para projetos sociais os fundos arrecadados por meio de contratos de utilização das marcas Senna e Senninha e da imagem do piloto. Formada em Psicologia, Viviane nunca havia trabalhado na administração dos negócios da família. Mas revelou-se uma empreendedora social de primeira linha. Desde que foi criado, o Instituto Ayrton Senna acumulou US$ 9,1 milhões, dos quais US$ 8 milhões foram investidos em projetos sociais e no próprio instituto. A forma de atuação da entidade revela o pensamento empreendedor de Viviane. "Não dou donativos, faço investimentos sociais", diz ela, que não recebe salário algum por sua atuação à frente do instituto. "Meu lucro é ver que a qualidade de vida vai melhorar para essas crianças", afirma, e acrescenta: "Nossos programas têm metas claras para o futuro. Nós queremos mudar este país." Hoje o Instituto Ayrton Senna auxilia o gerenciamento e fornece apoio financeiro a 24 projetos sociais voltados para a educação de 40 mil crianças em dez estados brasileiros.

Fontes: http://premioclaudia.abril.com.br/1997/sena.html; http://senna.globo.com/

WAYNE HUIZENGA

(Fundador da Waste Management e da AutoNation)

Este norte-americano descendente de holandeses é um fenômeno do empreendedorismo mundial. É a única pessoa na história a ter seis companhias listadas na Bolsa de Valores de Nova York e a única a possuir três empresas que entraram para a lista das 500 maiores da revista *Fortune*: a Waste Management, líder mundial no setor de coleta e manejo de lixo; a Blockbuster, gigante da área de locação de vídeos; e a AutoNation, a maior revendedora de automóveis dos Estados Unidos. Huizenga nasceu em Chicago e mudou-se para a Flórida na adolescência. Depois de passar por alguns pequenos empregos, começou a trabalhar em uma empresa de coleta de lixo. Com muita persistência conseguiu, alguns anos depois, convencer o proprietário a lhe vender parte do negócio. O trabalho duro não o assustava. Huizenga era capaz de dirigir um caminhão de lixo das duas e meia da manhã até o meio-dia e, a seguir, passar a tarde visitando clientes. Nessa época, diz a lenda que um conhecido dos tempos de escola o viu ao volante de um caminhão de lixo e compadeceu-se do "destino ingrato" de seu ex-colega. Mal sabia ele que ali estava nascendo o embrião da Waste Management, empresa multimilionária que se tornou uma das maiores companhias de coleta e manejo de lixo do mundo. Mas um grande empreendedor não é apenas o que cria do nada um negócio de sucesso. Às vezes sua intuição o leva a perceber que o potencial de uma determinada empresa está sendo subutilizado. Ele então a compra e a eleva a alturas inimagináveis. Foi o que aconteceu com a Blockbuster, que em 1987 era um negócio de US$ 7 milhões e 19 lojas. Logo depois que Huizenga e dois sócios entraram na jogada, a rede de videolocadoras virou um empreendimento de US$ 4 bilhões e mais de 3.700 lojas espalhadas por onze países. Em 1994, quando a Blockbuster foi vendida para a Viacom, seu valor na bolsa era de US$ 8,4 bilhões. O próximo passo de Huizenga foi fundar a AutoNation, a primeira rede nacional de revenda de automóveis dos Estados Unidos. Este é apenas um breve resumo de seus negócios, que incluem, ainda, incursões na área esportiva – Huizenga é o atual proprietário do time de futebol americano Miami Dolphins. Por todas essas conquistas, ele foi homenageado em 2005 com o prestigiado prêmio World Entrepreneur of The Year, concedido pela Ernst & Young.

Fontes: http://www.ey.com/global/content.nsf/International/ World_Entrepreneur_Of_The_Year_Awards_2005_-_Winner_of_WEOY_2005; http://entrepreneurs.about.com/od/famousentrepreneurs/p/waynehuizenga.htm

CAPÍTULO 9
TESTANDO SUAS HABILIDADES

Depois de tudo o que foi falado sobre intuição, estratégia, inteligência social e empreendedorismo, é hora de dar uma parada e refletir: como tudo isso se aplica a você? Ou então, como você aplica tudo isso em sua vida?

Os testes a seguir lhe darão valiosas pistas para ajudá-lo a avaliar essas questões. Você pode respondê-los no livro e depois transferir as respostas para as versões on-line dos testes, que estão no site www.3minutos.com.br. Se preferir, poderá respondê-los diretamente no site. Os resultados serão enviados para o endereço eletrônico que você indicar.

TESTE 1: Descubra o seu quociente empreendedor

***Objetivo:* Medir o Q.E., ou Quociente Empreender – o grau de habilidade que você tem para ser bem-sucedido no mundo dos negócios. Cada questão respondida de forma adequada vale 10 pontos. Portanto, quem responder corretamente todas as 18 perguntas terá Q.E. 180, o que significa elevado grau de habilidade para obter êxito em seus projetos e empreendimentos.**

1. Numa entrevista para emprego, o mais importante é:
a) Responder a todas as perguntas de forma brilhante
b) Ter excelentes credenciais
c) Transmitir responsabilidade e confiança ao entrevistador

2. Se seu patrão rejeitar uma ideia sua, você deve:
a) Repensar sua ideia, ou mesmo repensar seu emprego
b) Insistir sempre. Afinal, você acredita na ideia
c) Parar de levar ideias ao patrão para não se tornar inconveniente

3. Quem pensa grande...
a) Tem mais chances de conseguir grandes resultados
b) Arrisca-se demais e, por isso, deve aprender a controlar-se
c) Vai se meter em encrenca, com certeza

4. Ao pedir aumento salarial, o mais importante é:
a) Explicar muito bem os motivos pelos quais você merece o aumento
b) Escolher o momento certo para falar com o patrão
c) Mostrar ao patrão que você se sente desvalorizado

5. Ao ver que um negócio no qual você acredita está demorando para se concretizar, sua atitude é:
a) Esquecer e partir para outro
b) Culpar seus colaboradores
c) Ser persistente

6. Ter paixão pelo que se faz é:
a) Algo fora da realidade

b) Algo essencial para o sucesso
c) Algo que pode desgastá-lo e consumir suas energias

7. Para construir uma boa reputação, é necessário:
a) Cumprir o que prometeu
b) Investir em propaganda
c) Andar com gente influente

8. Confiar nos próprios instintos é...
a) Arriscado
b) Duvidoso
c) Necessário

9. Complete a frase: "Devemos ser otimistas, mas..."
a) Sem tirar os pés do chão
b) Nem sempre é possível
c) Não existe "mas". Devemos ser otimistas e ponto final

10. Complete a frase: "Um líder tem o direito de ser derrotado, mas não tem o direito de ser..."
a) Justo
b) Moderado
c) Surpreendido

11. Quais são os requisitos essenciais para quem quiser trabalhar com um empresário como Donald Trump?
a) Fazer com que as pessoas se sintam confortáveis em sua presença, ter uma mente aguçada, ser criativo, leal e confiável

b) Ser esperto, trabalhador, bom de papo e ousado
c) Ter um currículo perfeito e buscar a perfeição em tudo

12. No mundo dos negócios, seus princípios pessoais devem ser...
a) Mantidos só quando for conveniente
b) Mantidos sempre
c) Esquecidos

13. Para um homem de negócios, a paciência é:
a) Fundamental
b) Um obstáculo. É necessário agir sempre rapidamente
c) Algo que os outros devem ter, não você

14. Uma característica essencial para ser um negociador é:
a) Inflexibilidade
b) Arrogância
c) Flexibilidade

15. Quando negociamos com alguém, devemos:
a) Estar atentos às necessidades do outro
b) Estar atentos apenas em relação às nossas necessidades
c) Estar atentos para obter o máximo lucro possível

16. Fechar um negócio é uma questão de...
a) Persuasão
b) Poder
c) Insistência

17. Para sair de uma crise, você deve:
a) Contratar mais advogados e assessores
b) Retomar o controle da situação
c) Ter uma ideia brilhante

18. A melhor forma de obter retorno ao investir é:
a) Assumindo riscos
b) Usando o bom senso
c) Apostando em novidades

TESTE 2: Você alia a intuição à estratégia?

***Objetivo:* Descobrir até que ponto suas ações e decisões são influenciadas pela intuição, pelo pensamento racional ou por uma combinação de ambos.**

1. Ao encontrar-se com alguém pela primeira vez, você:
a) Confia principalmente no que sua intuição lhe diz sobre essa pessoa
b) Confia mais nas referências que outros lhe deram sobre essa pessoa
c) Ouve sua intuição, mas também avalia informações provenientes de outras fontes

2. Se sua intuição lhe diz que algo não vai dar certo, você:
a) Desiste imediatamente
b) Procura avaliar melhor a situação, mas com cautela
c) Acredita nas evidências, mesmo que contrariem sua intuição

3. Ao fechar um negócio, você:

a) Baseia-se nos fatos, mas também considera suas impressões e sensações a respeito da transação e das pessoas envolvidas

b) Baseia-se apenas nos fatos

c) Baseia-se apenas em suas impressões e sensações

4. Sua estratégia apoia-se:

a) Na intuição, nas informações disponíveis e em experiências anteriores

b) Nas informações disponíveis e em experiências anteriores

c) Apenas na intuição

5. Ao dispor de pouco tempo para analisar um grande número de informações, você:

a) Usa a intuição para selecioná-las

b) Tenta ganhar mais tempo

c) Sente dificuldade de agir nessa situação

6. Ao ter uma intuição sobre um novo negócio, você:

a) Fica imediatamente convencido de que vai dar certo

b) Acredita que pode dar certo, mas trata de avaliar sua viabilidade

c) Duvida que possa dar certo e desiste para não perder tempo

7. Ao colocar uma ideia em prática, você:

a) Segue rigidamente o seu planejamento

b) Segue apenas a intuição e não se atém a um planejamento

c) Usa a intuição para dar flexibilidade a seu planejamento

8. Qual dos três conjuntos de características abaixo melhor o descreve?

a) Intuitivo – pragmático – autoconfiante
b) Organizado – racional – perfeccionista
c) Intuitivo – irrequieto – impulsivo

9. Se sua intuição contrariar o consenso, você:

a) Começa a duvidar de si mesmo
b) Começa a duvidar do consenso
c) Ignora e segue o consenso

10. Para você, a intuição é:

a) Uma ferramenta importante
b) Sua única bússola
c) Uma coisa na qual você não confia

TESTE 3: Você é Midas ou Sadim?

Objetivo: **Descobrir se você tem o toque de Midas ou se suas características o aproximam mais do rei Sadim.**

1. Quando surgem comentários sobre um deslize de alguém, você:

a) Ouve com interesse
b) Procura não se envolver
c) Quer saber todos os detalhes

2. Ao obter uma informação constrangedora sobre a vida pessoal de uma pessoa da qual você não gosta, sua reação é:

a) Espalhar a informação, mas tomando o cuidado de não se comprometer
b) Guardar a informação para usar no momento oportuno
c) Ignorar

3. Em uma conversa, as fofocas e os comentários maldosos são:
a) Uma perda de tempo
b) Um tempero a mais
c) O principal foco de interesse

4. Todos só falam no último escândalo envolvendo uma pessoa conhecida. Você:
a) Procura se informar para não ficar por fora
b) Procura não se informar se isso não lhe disser respeito
c) Procura ver as vantagens que pode tirar disso

5. Quando alguém está em desgraça, você:
a) Age como sempre agiu em relação a essa pessoa
b) Comenta o assunto, mas nunca na presença da pessoa envolvida
c) Suas atitudes vão depender do que for mais conveniente para você no momento

6. Se você detesta alguém, seu costume é:
a) Tentar esquecer se não puder resolver as diferenças
b) Não sossegar enquanto não der o troco
c) Esforçar-se para desmascarar essa pessoa perante os demais

7. Quando uma pessoa lhe pede segredo, você:

a) Passa adiante. Se fosse mesmo para manter segredo, ela não teria lhe contado

b) Só conta aos amigos

c) Apenas fica calado

8. Se numa conversa surgirem fofocas sobre uma pessoa bem-sucedida, você:

a) Fica interessado. Afinal, é bom saber que todos têm seus pontos fracos

b) Procura disfarçar o interesse para se mostrar superior

c) Desconfia do que ouve. Afinal, o sucesso atrai inveja

9. Ao ouvir uma pessoa falando mal de outra, sua atitude é:

a) Tentar cortar o assunto

b) Achar que é seu dever contar tudo à pessoa que for o alvo dos comentários, para alertá-la

c) Depende. Se achar que a pessoa em questão merece, você adicionará à conversa seus comentários negativos

10. Se for obrigado a conviver por algum tempo com um chefe ou um sócio incompetente, você:

a) Divulga o máximo que puder as falhas do outro para mostrar que você não tem nada a ver com isso

b) Deixa que ele se exponha sozinho

c) Procura sabotá-lo para apressar sua queda

TESTE 4: Descubra o seu grau de iniciativa

***Objetivo:* Verificar se você tem suficiente iniciativa própria para fazer seus negócios ou carreira decolarem.**

1. Meu estímulo para começar um novo empreendimento vem:

a) De mim mesmo
b) Das reações positivas dos outros
c) De saber que alguém já fez antes e deu certo

2. Como me relaciono com as pessoas?

a) Prefiro um círculo de amizades pequeno, mas de confiança
b) O grau de intimidade pode variar, mas sempre procuro ampliar meu círculo de relacionamentos
c) Não perco tempo com pessoas com as quais não tenho afinidades

3. Minha equipe me segue...

a) Porque eu sou o chefe
b) Porque acredita em mim
c) Porque não lhe deixo alternativa

4. Responsabilidade é...

a) Um fardo que tenho de carregar
b) Algo que assumimos para que possamos crescer
c) Uma armadilha: ser responsável por algo equivale a virar bode expiatório

5. No trabalho, quando surge a oportunidade de me oferecer como voluntário, eu...

a) Deixo passar. Já tenho serviço demais
b) Aceito. Pode ser a chance que eu tanto esperava
c) Procuro enviar outro otário em meu lugar

6. Trabalhar duro é algo que...

a) Só faço para atingir um objetivo imediato
b) Faço porque os outros nunca dão conta do serviço
c) Faço porque é meu principal capital de investimento

7. Se tenho de tomar uma decisão rápida...

a) Uso minha intuição e não perco tempo
b) Passo a responsabilidade para outro e evito me queimar
c) Recuso-me a fazer isso. Não funciono sob pressão

8. Quando discordam de mim...

a) Procuro ver quem tem razão
b) Mantenho minha posição a qualquer preço
c) Finjo aceitar e depois faço o que quero

9. Se meu esforço não parece me levar a lugar algum, eu...

a) Redobro os esforços
b) Reavalio meus esforços e meus objetivos
c) Desisto. É sinal de que não era para dar certo

10. Se sinto que já fiz tudo o que podia fazer em meu emprego, eu...

a) Continuo, só por causa do salário
b) Paro de me esforçar. Se quiserem, que me demitam
c) Busco novos estímulos – ou um novo emprego, se for o caso

TESTE 5: Você sabe causar uma boa impressão?

***Objetivos:* Avaliar a impressão que você causa nos outros e o grau de consciência que você tem a esse respeito.**

1. Quando encontro alguém pela primeira vez....

a) Sempre tenho a sensação de que acabo falando demais
b) Sinto-me retraído e falo o mínimo possível
c) Tento conversar com naturalidade

2. Numa conversa em ambiente social, o importante é:

a) Deixar claro meu ponto de vista
b) Estabelecer uma prazerosa troca de ideias
c) Mostrar o que sei e enrolar com o que não sei

3. No primeiro encontro, procuro falar de mim...

a) Sempre que possível. Afinal, o outro não me conhece
b) Aos poucos, de acordo com o interesse que o outro demonstrar
c) Odeio falar de mim mesmo

4. Falar de meus próprios bens e de meu status é...

a) Inadequado. Poderia parecer que estou forçando a barra
b) Uma excelente maneira de fazer o outro saber com quem está falando
c) Orgulho-me do que tenho. Se alguém achar que estou forçando a barra, o problema é dele

5. Falar de trabalho com alguém que acabo de conhecer socialmente é....

a) Uma ótima ideia, pois posso falar disso durante horas

b) Algo a ser feito com parcimônia, para não cansar o outro

c) Uma boa oportunidade de expor minha coleção de piadas de escritório

6. Ao conversar com alguém cujos gostos e opiniões não coincidem com os seus, você:

a) Tenta descobrir pontos em comum

b) Acaba discutindo

c) Desiste de conversar

7. Para se sair bem numa conversa, é preciso:

a) Ter um excelente papo

b) Ter um bom papo, mas, acima de tudo, saber ouvir

c) Conhecer um monte de histórias engraçadas

8. Ao vestir-se para um primeiro encontro, você:

a) Escolhe roupas adequadas para a ocasião

b) Usa as roupas mais caras de seu guarda-roupa

c) Não se preocupa com isso. O importante é o que as pessoas têm por dentro

9. Durante uma festa, você é apresentado a alguém que poderá ajudá-lo em seus negócios. Sua atitude é:

a) Morrer de vergonha

b) Ir logo ao que interessa e não desperdiçar a oportunidade de pedir alguma coisa

c) Iniciar uma conversa agradável e, se não for o momento para falar de negócios, tentar marcar uma futura reunião

10. Quando alguém começa a falar sobre si mesmo, você:

a) Já começa a pensar no que pode falar sobre você

b) Presta atenção e dá sinais de simpatia

c) Acha tudo muito chato e tenta tomar o controle da conversa

CAPÍTULO 10

FECHANDO COM CHAVE DE OURO

Ao longo deste livro, discutimos todos os fatores que lhe permitirão ter sucesso ao vender sua ideia em três minutos. Agora é hora de falar sobre o que acontece depois que sua ideia é vendida. Pode-se dizer que é nesse momento que o verdadeiro trabalho começa. Você conquistou a oportunidade que tanto desejava e precisa mostrar que é digno da confiança que lhe foi depositada. Mas, como tudo na vida, essa não é uma trajetória em linha reta, mas um movimento circular. O ponto de chegada – o fechamento do negócio, a contratação ou a promoção – é também um novo ponto de partida. Seu desempenho no momento de cumprir o que prometeu lhe permitirá formar um valioso capital, o único que realmente importa: a credibilidade necessária para consolidar seus êxitos e partir para novas iniciativas.

Porém, cumprir o que prometeu e firmar sua credibilidade também não representam o fim do caminho. São, quando muito, os marcos que sinalizam a conclusão de uma etapa e o início de outra. Citando mais uma vez John H. Johnson, o homem que, do nada, construiu um império editorial: "Você sempre precisa enfrentar a tarefa de recomeçar e provar a uma nova plateia o quão bom você é". E ainda bem que as coisas são assim. De que nos valeria tanto esforço, suor e sacrifício se nos tornássemos prisioneiros de uma única conquista, de um único sucesso? De que adiantaria atingir um objetivo para depois congelar-se nas glórias do passado, como um ser fossilizado que não mais aprende, progride e evolui?

Parte desse caminho de evolução frequentemente consiste em saber passar o bastão, saber a hora de delegar funções e deixar que sua ideia crie asas e ganhe o mundo. O mesmo ocorre quando criamos nossos filhos. Há um período em que eles necessitam de amparo e proteção. Depois, à medida que se desenvolvem, é preciso deixá-los caminhar com as próprias pernas, fazer suas próprias escolhas, enfim, experimentar por si mesmos o processo de transformação de criança em adulto. No mundo dos negócios, as coisas não são diferentes.

Depois que minha ideia de implantar no Brasil a filial da Elite se transformou em sucesso, e depois que esse sucesso se consolidou, percebi que era hora de seguir outros rumos. O mesmo aconteceu com a campanha Câncer de Mama no Alvo da Moda, e é com grande alegria que vejo a semente que plantei continuar a dar frutos tantos anos após eu ter me afastado para perseguir novos objetivos. E, por fim, chegou o momento de passar o bastão do empreendimento adiante. Minha missão como homem de ideias já estava concluída. Eu havia transformado minha intuição em um projeto, e o projeto em um empreendimento que tem tudo para se transformar num marco no universo dos negócios imobiliários. Consegui vender a ideia a Donald Trump e reunir os investidores ideais para que o negócio pudesse decolar. Então, cheguei a um momento decisivo, no qual atitudes movidas pelo ego ou pela vaidade poderiam ter colocado tudo a perder. O empreendimento já tinha alicerces sólidos, mas, a partir dali, seu desenvolvimento requeria a presença de especialistas de comprovada experiência na área de desenvolvimento imobiliário, capazes de lidar com todos os aspectos técnicos necessários para que o projeto passasse à fase seguinte – a construção propriamente dita. Como não sou engenheiro, tampouco tenho experiência em qualquer campo correlato à engenharia, percebi que era hora de passar o comando para profissionais da área. Como dealmaker que sou, senti que minha missão estava cumprida. E, assim, vendi minhas participações aos demais sócios e me desliguei do empreendimento. Não o fiz com arrependimento ou pesar, mas com a certeza de estar fechando com chave de ouro uma importante etapa de minha carreira de empresário e de dealmaker.

A partir daí, encontrei tempo e disponibilidade para me dedicar aos meus novos sonhos, pois é esse é combustível de um dealmaker. Um desses sonhos é promover e incentivar o empreendedorismo no Brasil por meio do Instituto do Empreendedor, o Inemp (www.inemp.org), instituição cuja premissa básica é o fomento à atividade empreendedora. Entre as iniciativas do Inemp está a organização, em parceria com a Ernst & Young, da etapa brasileira do prêmio Empreendedor do Ano, a maior e mais prestigiosa premiação do empreendedorismo mundial.

Despertando o espírito empreendedor

O Inemp é uma iniciativa que representará um marco no empreendedorismo brasileiro. Muito se tem falado na necessidade de investir em educação, de incentivar o empreendedorismo e de auxiliar a formação de nossos futuros empresários. Salvo honrosas exceções, pouco tem sido feito a esse respeito – na verdade, existem pouquíssimas iniciativas legítimas ou de expressão. A importância de incentivar e desenvolver o espírito empreendedor do brasileiro é indiscutível. Nenhuma nação pode crescer sem contar com a força empreendedora de seu povo. Do contrário, corre-se o risco de se sucumbir à "síndrome do gigante adormecido", aquele que, "deitado eternamente em berço esplêndido", está sempre à espera de um despertar que nunca ocorre, de uma mudança que nunca vem, de um milagre, enfim, de tudo o que representa a própria antítese do espírito empreendedor. Assim sendo, o Inemp objetiva:

- Promover e difundir a iniciativa empreendedora em todas as camadas da sociedade, incentivando a criação de novas entidades e promovendo o desenvolvimento socioeconômico.
- Atuar como fonte de informações sobre opiniões, atitudes, expectativas, estilos de gestão e técnicas de administração dos empreendedores.
- Facilitar o inter-relacionamento e o compartilhamento de ideias entre empreendedores.
- Promover a iniciativa empreendedora, por meio da participação em diversos programas públicos privados que incentivam, reconhecem e fomentam o empreendedor.
- Trabalhar em conjunto com outras instituições interessadas em promover a iniciativa empreendedora, sempre que se delinearem oportunidades para tanto.
- Atuar como defensores da iniciativa empreendedora, incluindo o suporte à legislação favorável a negócios de mercados de pequeno e médio porte, a realização de trabalhos em parceria com organizações de desenvolvimento econômico, com a finalidade de auxiliá-las na captação

de novos negócios e/ou desenvolvimento de projetos nacionais para apoio à iniciativa empreendedora.

- Participar da criação, organização e divulgação de eventos cujos objetivos sejam identificar, fomentar e premiar iniciativas populares de empreendedorismo.

O novo pobre

Outra preocupação do Inemp são as ações de cunho social. Minha principal fonte de inspiração é o trabalho de um velho amigo, Sami Goldstein, cuja história vale a pena registrar. Após uma longa carreira empresarial de sucesso, tendo passado mais de trinta anos na IBM, onde chegou a vice-presidente e diretor financeiro, e depois de se aventurar por mais de dez anos no varejo como sócio da Fotóptica na tradicional Óticas Fluminense do Rio, Sami agora só quer saber de ajudar seus semelhantes. Como voluntário de várias associações judaicas e entidades assistenciais, começou a identificar, não entre seus assistidos, mas entre seus colegas e respectivos amigos e parentes, claros sinais de empobrecimento da classe média. Histórias cada dia mais frequentes de cancelamentos de planos médicos, transferências de filhos para as escolas públicas, vendas de ativos para fazer caixa, vendas de títulos de clubes e atrasos nos pagamentos de prestações lhe deram o sinal de que alguma coisa precisava ser feita.

A enorme disponibilidade de jovens recém-formados, as demissões geradas pela avalanche de fusões e a necessidade das empresas de reduzir custos resultaram na formação de um personagem na classe média que ele chama de **"novo pobre"**, profissionais que se formaram há mais de quinze anos, tinham bons salários, mas não acompanharam as tecnologias inovadoras que surgiram e simplesmente perderam o barco. A sociedade sabe como, ou pelo menos tenta, cuidar do pobre convencional. Fundações, ONGs, Fome Zero, cestas básicas, seguro-desemprego, hospitais e escolas públicas, igrejas e muitas outras associações e instituições cuidam deles. Mas quem cuida dos "novos pobres"?

Segundo Sami, eles precisam de uma ajuda temporária para poder sair da situação em que se encontram. Eles estão acanhados, deprimidos, desorientados, e muitos tentam encobrir as dificuldades pelas quais estão passando, não pedem ajuda e sentem vergonha de ter de pedir. Em vez de olhar o lado triste da história, Sami viu nessa situação uma oportunidade de somar as forças de quem está por cima para ajudar essa turma a se reerguer com dignidade. Em vez de assistencialismo, ele criou uma verdadeira rede de apoio na qual profissionais e empresas doam não dinheiro, mas tempo e serviço. A meta é produzir uma rede de solidariedade que possa oferecer respostas para uma nova necessidade social, recrutando e organizando voluntários que, inicialmente, atuariam em duas vertentes. "Começamos com saúde e emprego, mas queremos ir muito mais longe", diz Sami.

O ponto de partida foi a saúde. Sami e sua equipe de voluntários dividiram a cidade em regiões. Depois, fizeram um levantamento dos consultórios médicos de diversas especialidades, laboratórios e clínicas existentes em cada região. O passo seguinte foi visitar esses médicos, laboratórios e clínicas. Com pouquíssimas exceções, todos concordaram em doar certo número de consultas e atendimentos. Para convencê-los a colaborar, Sami destacou a importância de se engajar como voluntários em uma ação social e também os lembrou que os beneficiados eram pessoas que se encontravam momentaneamente em dificuldades financeiras, mas que, ao saírem dessa situação, poderiam tornar-se clientes pagantes.

Todas as informações referentes aos serviços doados foram reunidas na central dos voluntários. Agora era necessário entrar em contato com os "novos pobres" que precisavam de assistência médica.

Várias instituições, como escolas, clubes, centros religiosos e todos os possíveis locais frequentados pelos "novos pobres", foram visitadas por voluntários especializados em ciências humanas, que receberam um treinamento para realizar entrevistas e detectar as necessidades. As pessoas indicadas pelos voluntários passaram a ser encaminhadas à central, que se encarregava de marcar as consultas.

A cada mês, era realizada uma reunião com os voluntários, para avaliar o andamento do programa, e outra com os profissionais envolvidos no projeto. Desde o início do programa, há três anos, foram atendidas mais de 2.600 famílias.

Mas Sami ainda não estava satisfeito. Ainda havia mais por fazer. A etapa seguinte consistia em ajudar os "novos pobres" a voltarem ao mercado de trabalho. Coube aos voluntários fazer o cadastro de empresas que normalmente recrutam empregados de classe média com formação universitária e desenvolver um programa de recolocação profissional voltado para esse tipo de mão de obra. O programa inclui desde parcerias com escolas, que cedem vagas para cursos de inglês, informática, profissionalizantes e outros, até auxílio na confecção de currículos, preparação para entrevistas e restabelecimento das prioridades e perspectivas dos candidatos.

Os recursos para iniciar o projeto, divulgá-lo e estabelecer a central foram obtidos por meio de doações de particulares e de uma organização internacional. Para a manutenção do programa, é realizado anualmente um evento com o objetivo de arrecadar fundos.

Essa lição nos mostra que o espírito empreendedor pode e deve ser aplicado em iniciativas empresariais, mas também em ações sociais – é exatamente isso que recebe o nome de empreendedorismo social. Muitas vezes, as pressões do dia a dia nos colocam dentro de uma espécie de redoma na qual só cabem nossos interesses e necessidades pessoais. O resultado é que esse individualismo acaba contribuindo, talvez até mais do que outros fatores, para que as mazelas sociais se proliferem e se intensifiquem. Então, culpa-se o governo, os juros, o dólar, a crise, a Guerra do Iraque ou alguma outra guerra do momento, e tudo permanece como está – ou pior. Porém, não existe atitude mais antiempreendedora do que o conformismo. O empreendedor jamais se conforma. Em vez de pensar no que os outros deveriam fazer, pensa no que ele pode fazer – e faz. E se é possível ser assim nos negócios e na busca do sucesso profissional, por que não ser assim também nas questões sociais? É esse o tipo de visão empreendedora que o Inemp pretende promover e incentivar.

Novos desafios...

Comecei minha trajetória profissional atuando no mercado de luxo, trazendo John Casablancas e a Elite Models para o Brasil. Depois, foi a vez de trazer a grife de Donald Trump. Agora, porém, minha veia empreendedora e meu instinto de dealmaker me levaram a percorrer o caminho oposto: em vez de trazer empresários americanos para o Brasil, estou levando empresários brasileiros para os EUA. E em vez de atuar no mercado de luxo, o público-alvo são os mais de dois milhões de imigrantes brasileiros que residem nos Estados Unidos. Segundo estimativas mais conservadores, os brasileiros nos EUA enviam a cada ano para o Brasil algo em torno de US$ 8 bilhões. A principal característica desses imigrantes é que eles não pretendem fazer da América sua nova pátria, ao contrário: sua principal motivação é aproveitar as oportunidades de trabalho nos EUA e juntar dinheiro para realizar o sonho de comprar uma casa e outros bens em sua terra natal.

Foi para atender às necessidades – sob o ponto de vista não só material, mas também social – desse grande contingente de brasileiros que criei o projeto OLExpress. O objetivo é permitir que o brasileiro radicado no exterior possa adquirir seus bens no Brasil por meio de carnês, de maneira segura e sem dor de cabeça. Além disso, o sistema também lhe dá a opção de se tornar empreendedor, cedendo-lhe as ferramentas necessárias para que construa sua própria rede de revendedores. O projeto envolve, ainda, uma ampla ação social que visa chamar a atenção para um problema praticamente ignorado: as dificuldades e a situação de quase marginalidade que muitos imigrantes brasileiros se veem forçados a enfrentar. O foco do novo negócio será, inicialmente, os imigrantes brasileiros que vivem nos EUA e, depois, os que estão em Portugal e no Japão. Em uma fase posterior, deveremos expandir o escopo do projeto para os demais imigrantes dos países hispânicos que vivem nos Estados Unidos.

... e novas responsabilidades

A diferença entre o reconhecimento legítimo e o mero "oba-oba" é que o primeiro vem acompanhado pela responsabilidade, enquanto o segundo... Quando muito vem acompanhado por um punhado de confete. Exemplo de reconhecimento legítimo é a homenagem e o convite que recebi da ADVB (Associação dos Dirigentes de Vendas e Marketing do Brasil) Latin America – USA. A homenagem foi o prêmio Personalidade Empresarial das Américas, criado com o objetivo de estreitar os laços entre os países latino-americanos e os Estados Unidos, além de divulgar projetos que intensificam as relações internacionais entre a América Latina e os EUA. O convite foi para integrar o conselho da entidade, bem como assumir a presidência do departamento de marketing. E a responsabilidade não é pouca. O prêmio e as funções oferecidas pela ADVB-USA exigem de quem os recebe muito empenho e dedicação para que seus objetivos sejam cumpridos. A entidade foi fundada em 1956, época na qual o marketing no Brasil apenas engatinhava. O país dava os primeiros passos em direção à revolução industrial e os produtos eram lançados sem pesquisa prévia. Tampouco se conhecia o potencial de vendas de um mercado específico, e os vendedores recebiam treinamento precário, se é que os recebiam. Com o surgimento da ADVB, esse cenário começou a mudar. Com meio século de trabalho, a entidade é hoje uma das mais tradicionais referências nas áreas de marketing e vendas, realizando seminários, workshops e fóruns empresariais que contribuem para a geração de milhares de negócios.

A ADVB foi criada sob o lema "melhor padrão de vida para todos através das vendas", e essa é uma bandeira com a qual me identifico plenamente. Afinal, ela tem tudo a ver com o novo negócio que estou implantado nos Estados Unidos, o OLExpress. Essa é parte da contribuição que posso dar para fazer frente à responsabilidade que me cabe ao ser chamado para integrar a ADVB-USA. A outra parte consiste em encontrar novos meios de incentivar o empreendedorismo, o que para mim é um prazer e uma missão.

Um recorde em três minutos

Nessa vida de empreendedor, já fiz um pouco de tudo. Fiz sopa de pedra, omelete sem ovos, dei nó em pingo d'água, transformei sapo em princesa... Naturalmente, estou me referindo às dificuldades que surgem no caminho de quem se dedica a empreender, e cuja superação exige uma boa dose de imaginação e jogo de cintura. O que eu não sabia é que, de tanto batalhar para transformar ideias em novos negócios, acabei quebrando um recorde. Pois é, um recorde. Aconteceu quando a história do negócio que fechei em três minutos com Donald Trump – e que foi relatado neste livro – chegou aos ouvidos da Record Holders Republic e da World Records Academy, tradicionais instituições que se dedicam a certificar e divulgar recordes em diferentes áreas. E assim passei a fazer parte do rol dos recordistas certificados pela empresa, como o empresário que fechou com maior rapidez um negócio multimilionário. É claro que esse tipo de recorde é difícil de aferir, e os Official World Record Certificates que recebi funcionam mais como um registro de uma negociação surpreendente e inusitada que, aliás, constará no livro *Believe the Unbelievable* (acredite no inacreditável, em tradução livre), a ser lançado em breve pela Record Holders Republic, além de ter sido homologado pela RankBrasil (veja na página 203), que registra recordes brasileiros em diversas modalidades.

Vejo esse recorde como um reconhecimento ao talento do empreendedor brasileiro, cujo lema bem poderia ser a expressão que dá nome ao livro. Como bem sabem todos os que, dia após dia, lutam para empreender no Brasil, só mesmo acreditando no inacreditável conseguimos superar as adversidades e criar negócios de sucesso num país onde a atividade empreendedora encontra pouco ou nenhum apoio.

Alguns de nossos mais brilhantes empreendedores começaram do nada. Além das dificuldades pessoais, também tiveram de lidar com uma conjuntura hostil ao empreendedorismo, marcada por juros elevados e carga tributária entre as mais altas do mundo, entre outras dificuldades. Condições diferenciadas exigem soluções diferenciadas, e criatividade é o que não falta a nossos empreendedores – seu êxito é a maior prova disso. Assim, pois, meu recorde se encaixa neste contexto: o de um negócio que se realizou porque, como típico empreendedor brasileiro que sou, ousei acreditar no inacreditável. E com todos os que assumem essa postura, compartilho esse recorde.

Errar para acertar

Para concluir, gostaria de falar um pouco sobre o erro e o acerto. Assim como todo e qualquer ser humano, já cometi diversos erros em minha vida. Porém, ao contrário de muitos, não me preocupo em escondê-los. Em meus livros anteriores, *PDI – O Poder das Ideias* e *Sopa de Pedra: Dez ingredientes para você criar sua receita de sucesso*, conto em detalhes vários deles: iniciativas que não foram adiante, avaliações equivocadas de situações e pessoas, ideias que não decolaram. E o motivo pelo qual não os escondo é que não me envergonho deles. Teria me envergonhado, sim, se não tivesse tentado por causa do medo de errar. As lições que aprendi com meus erros foram e são inestimáveis. É a experiência que você adquire tentando e errando que pavimenta o caminho para o sucesso duradouro. Quem chega ao sucesso sem nunca ter cometido um erro na vida – se é que isso é possível – não tem bagagem suficiente para lidar com os reveses e contratempos que, cedo ou tarde, virão. E por nunca ter aprendido com os pequenos erros da vida, acaba errando quando não pode e com quem não deve. O estudante de medicina pode cometer diversos erros durante uma aula de anatomia. Mas o cirurgião não pode errar durante uma operação.

O milionário americano Malcolm Forbes, dono da célebre revista de economia que leva seu sobrenome, escreveu certa vez em sua coluna na *Forbes* que "um ingrediente vital para o sucesso sustentado é o fracasso ocasional". Segundo ele, "não há nada tão essencial quanto um erro inequívoco de certa magnitude para restaurar a perspectiva necessária a fim de assegurar o sucesso duradouro". Forbes conclui seu artigo dizendo que "um manda-chuva que nunca tenha cometido um erro crasso – em sua opinião isolada – está na mesma desvantajosa posição que a galinha que nunca botou um ovo e está prestes a ir para a panela". Portanto, se eu tivesse de acrescentar mais alguma coisa a tudo o que já disse neste livro sobre como vender uma ideia em três minutos, eu diria: aprenda com seus erros e construa sua própria bagagem de conhecimentos, o seu banco de dados interno que alimentará tanto o seu inconsciente quanto a sua mente consciente, e que virá ao seu auxílio sempre que você precisar.

Volta e meia lemos nos jornais notícias do tipo "pesquisa indica que mais da metade das novas empresas fecham antes de completar dois anos", e coisas do gênero. E lá vêm longas listas de causas e efeitos, que vão da crise econômica à falta de planejamento do empresário. Porém, o que essas pesquisas não costumam divulgar é o que esses empresários aprenderam com seus erros. Ou quantas vezes os empresários bem-sucedidos passaram por fracassos e falências antes de acertar. Ou o quanto esses fracassos e falências os ajudaram a acertar. Muita gente se assusta ao ler informações sobre a porcentagem de pessoas cujos negócios não deram certo. Mas não seria muito pior se essa porcentagem se referisse àqueles que foram para o fundo do poço sem tentar coisa alguma?

Um de meus objetivos ao criar o Inemp é desenvolver e apoiar pesquisas que mostrem o outro lado da moeda, que valorizem a experiência daqueles que ousaram tentar. Afinal, como disse Carl Gustav Jung: "A verdade sai do erro. Por isso nunca tive medo de errar, nem disso me arrependi seriamente".

Negócio multimilionário fechado em menor tempo

Você conhece algum dealmaker? Sabe o que é?

O RankBrasil homologou Ricardo Bellino, um verdadeiro dealmaker, ou também "fechador de negócios", por fechar o negócio mais rápido do mundo.

Ricardo precisou de apenas três minutos para finalizar uma negociação com o empresário norte-americano Donald Trump e começar um megaempreendimento imobiliário em São Paulo.

Você deve estar se perguntando: o que foi que ele disse para convencer o empresário? Simplesmente mostrou para ele as vantagens de desenvolver um negócio no Brasil, indicando números estratégicos e comparativos atrativos que renderam o empresário. "Minha principal argumentação foi mostrar a Trump que existia em São Paulo um mercado de luxo com grande potencial", afirma Ricardo.

Ricardo levou em consideração, também, que um empreendedor precisa transformar ideias em negócios de sucesso. "Quando ele me recebeu em seu escritório, me disse que eu teria apenas três minutos para expor minhas ideias; achei um tanto antipático, mas usei isso a meu favor", declara Ricardo.

A parceria com Trump resultou na construção de um condomínio de alto padrão na cidade de Itatiba, SP. O empreendimento está sendo planejado por alguns dos maiores arquitetos e paisagistas do Brasil, e contará com um campo de golfe projetado por Jack Nicklaus, o Pelé do golfe. Além de tudo isso, podemos citar, ainda, a inovação da arquitetura: trata-se de um condomínio de montanha, de lazer, de serviços, de conforto e segurança.

O empreendedor Ricardo Bellino conta muito com o sentimento de autoconfiança para ter êxito em seus projetos, não se deixa contaminar pela dúvida e acha que precisamos acreditar no que está dizendo: "Se a primeira impressão que alguém tem de você for ruim, é muito difícil mudá-la, mas, se for boa, é fácil, basta você não corresponder às expectativas".

Ricardo foi responsável por trazer outros empreendimentos felizes para o país. Em uma parceria com o empresário John Casablancas, trouxe para o Brasil uma das maiores agências de modelos do mundo, a Elite, e também foi parceiro dos criadores da campanha O Câncer de Mama no Alvo da Moda.

Atualmente está desenvolvendo algumas parcerias nacionais e internacionais para o lançamento de um novo negócio, e no Brasil já contou com muitos parceiros, mas o brasileiro Samuel Goldstein, além de amigo, é sócio de Ricardo em várias iniciativas.

Hoje já tem quatro livros publicados, traduzidos para dez países, baseados em sua trajetória e experiências profissionais, mas com enfoques diferentes.

Ricardo passou por muitas dificuldades antes de atingir seus objetivos, mas sempre levou em consideração seus sonhos e o potencial brasileiro, sempre teve muita energia e vontade de criar, motivando assim a viabilização de seus projetos. A equipe RankBrasil parabeniza o recordista e deseja muitos outros sucessos!

ANEXO 1
LIVROS PUBLICADOS

PDI – O Poder das Ideias – Tema: transformação de ideias em negócios de sucesso;

Sopa de Pedra – Dez Ingredientes para Você Criar Sua Receita de Sucesso – Tema: superação de obstáculos;

Três Minutos para o Sucesso – Tema: baseado na experiência com Donald Trump, pesquisa científica sobre intuição, impressão positiva e outros;

Midas & Sadim – (SADIM significa MIDAS ao contrário) – Tema: refere-se àquelas pessoas que têm o dom de destruir tudo o que tocam. Fala de como evitá-las e não se transformar em uma delas.

ANEXO 2

Certificado oficial de recorde mundial emitido pela Record Holders Republic (www.recordholdersrepublic.co.uk)

OFFICIAL WORLD RECORD CERTIFICATE

RHR

www.recordholdersrepublic.co.uk

FASTEST MULTIMILION DOLLAR DEAL: 3 MINUTES

RICARDO R. BELLINO

On January 28, 2003, Ricardo Bellino met Donald Trump for the very first time at Trump Tower, NY, with the intent of convincing him to build the Villa Trump - an exclusive real estate and golf community in Sao Paulo, Brazil - a half billion dollar project.

Despite being extremely busy and admittedly not in the mood for a new business deal, Mr. Trump reluctantly gave Mr. Bellino exactly 3 minutes to make his presentation. At the end of these three minutes they shook hands and a multimillion dollar deal was sealed on the spot.

Keeper of the Records
Record Holders Republic

The RHR logo and contents of this document are copyright and trademark protected © 2006 Dean Gould

O mais rápido negócio multimilionário: 3 minutos

"A história de um empresário desconhecido, vindo de um país distante, que vende sua ideia a Donald Trump em apenas três minutos e se torna parceiro comercial do legendário bilionário americano é um conto de fadas que se torna realidade. O jovem empreendedor Ricardo Bellino é a personificação desse sonho que ainda cativa a imaginação de milhões de pessoas, na América e em todo o mundo."

APÊNDICE
TRÊS MINUTOS DE REFLEXÃO

"Um otimista vê uma oportunidade em toda calamidade. Um pessimista vê uma calamidade em toda oportunidade."

WINSTON CHURCHILL

"Noventa por cento do sucesso baseia-se simplesmente em insistir."

WOODY ALLEN

"Acredito muito na sorte e descubro que, quanto mais trabalho, mais sorte tenho."

STEPHEN LEACOCK

"É pela lógica que provamos, é pela intuição que inventamos."

HENRI POINCARÉ

"O problema não é a existência de problemas. O problema é esperar que eles não existam e achar que ter problemas é que é o problema."

THEODORE RUBIN

"A maioria dos homens fracassa por causa de sua falta de persistência em criar novos planos para ocupar o lugar daqueles que fracassaram."

NAPOLEON HILL

"Criatividade é quando a originalidade derrota o hábito."

GEORGE LOUIS

"Todos os homens que mostraram ter algum valor foram os que tomaram o controle de sua própria educação."

WALTER SCOTT

"Alguns homens veem as coisas como são e perguntam: 'Por quê?'. Eu sonho com coisas que nunca existiram e pergunto: 'Por que não?'."

GEORGE BERNARD SHAW

"As pessoas aprendem com seus fracassos, mas raramente aprendem alguma coisa com seus sucessos."

HAROLD GENEEN

BIBLIOGRAFIA

Bellino, Ricardo. *PDI – O Poder das Ideias. Como Transformar Ideias em Tacadas de Sucesso*. Rio de Janeiro: Campus/Elsevier, 2003.

Bellino, Ricardo. *Sopa de Pedra: Dez Ingredientes para Você Criar sua Receita de Sucesso*. Rio de Janeiro: Campus/Elsevier, 2004.

Brito, Francisco e Wever, Luiz. *Empreendedores Brasileiros* (Vol. 1 e 2). Rio de Janeiro: Campus/Elsevier, 2003/2004.

Floyd, Robbie Davies e Arvidson, P. Sven. *Intuition, The Inside Story*. Nova York: Routledge, 1997.

Girard, Joe e Brown, Stanley H. *Como Vender Qualquer Coisa a Qualquer Um*. Rio de Janeiro: Record, 2001.

Gladwell, Malcolm. *Blink*. New York: Little, Brown and Company, 2005. *O Ponto de Desequilíbrio – Como pequenas coisas podem fazer uma grande diferença*. Rio de Janeiro: Rocco, 2002.

Krass, Peter. *Os Gênios dos Negócios – A sabedoria e a experiência dos maiores executivos e empreendedores*. Rio de Janeiro: Campus/Elsevier, 2004.

Palmarini, Massimo Piattelli. *Inevitable Illusions – How mistakes of reason rule our minds*. United States of America: John Wiley & Sons, 1994.

Wilson, Timothy D. *Strangers to Ourselves – Discovering the Adaptive Unconscious*. United States of America: Belknap Harvard, 2002.

